世界初、
史上最大の
百貨店王

聖書が作った人シリーズ 3

ジョン・
ワナメーカー

John Wanamaker

ジョン・クゥアン 著

小牧者出版

Man Who is Made by The Bible
John Wanamaker
by
Kwang Jeong

Word of Life Press, Korea

神様は、自分自身を最大限に生かす人に、
祝福を注いでくださる。
責任に忠実であれば、
おのずと機会がやってくる。

— ジョン・ワナメーカー

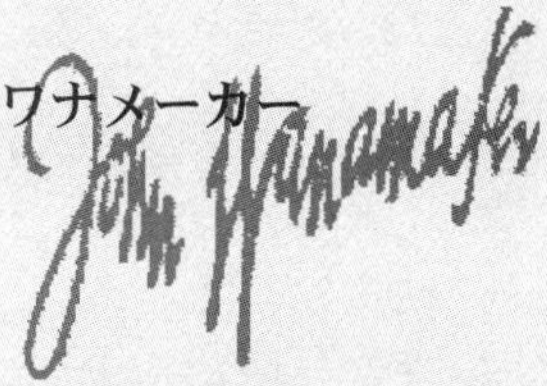

目が見たことのないもののオンパレード！

実業家であるならば、その事業を成功させ、より高いビジョンを持って常に上に向かって進んでいきたいと誰もが思っているだろう。

しかしどんなに優秀な実業家でも、失敗や挫折を体験せずに事業を大きく成功させ続けることはできない。大きい事業を任せようとする人を、神はある時点でテストされるように思う。その内容は聖書にある「小さなことに忠実であるかどうか」だ。貧しい家庭に生まれ、小学校も二年間しか行けなかったジョン・ワナメーカーは小さいころからこのテストに合格していた数少ない人物の一人だ。学校に行けない小学生が、一年半フルタイムでレンガ運びの仕事をしてやっとの思いで手に入れた自分だけの聖書。その教えを毎日口ずさみ、心に深く刻み、日々の生活で実践していたジョンを、神はどんなに愛しておられたことだろう。十八歳で日曜学校の講師を始めてから八十五歳で天に召されるまでの六十七年間、ずっとその奉仕をし続けた彼は、二十三歳の時二人で始めた小さな洋服店が五十年後には一万三千人の社員、売り場面積だけで五万四千坪、世界で一番大きなパイプオルガンを設置する世界最大の百貨店となり、五万人を越える人が毎日出入りするまでになった。それでも彼は教会を愛し続け、神を第一にする姿勢をみじんも変えることはなかった。そんな彼を神は、もっと大きなポジションにつけ、大胆な働きをさせた。一八八九年アメリカの郵政長官に任命され、大きな郵政改革を成し遂げたり、ＹＭＣＡの会長に選出され、東京、韓国、インドをはじめ、自ら莫大な費用を寄付して世界中にＹＭＣＡ会館を建設したり、母の日を制定したり、アメリカ全米プロゴルフ協会（ＰＧＡ）の創立を担ったり、世界日曜学校総裁に選出されたり。

「彼に、知恵と英知と知識とあらゆる仕事において神の霊を満たされた」

（出エジプト記三五・三一）

この聖書の言葉がまさにぴったり当てはまる類まれなるジョンの人生を垣間見れて、心に大きな衝撃と経営者としての新たなチャレンジを受けた。神を一番に愛し、神に愛された人がどれほど多くの祝福を受け取れるのか。まさしく、聖書に書いてある通り「目が見たことのないもの、耳が聞いたことのないもの、そして、人の心に思い浮んだことのないもの」のオンパレードだ。彼の成功は事業だけでなく、ミニストリーにおいても世界最大級だった。実業家、聖職者問わず、すべての人に知ってほしい、ジョンの人生を通してどれだけすごいみわざがなされたかを……。

渡辺明日香（サンプル百貨店　ルーク19）

ハウの原点はフウにあり

「百貨店王・ワナメーカー」の名前は、日本でも有名である。「石油王・ロックフェラー」や「ホテル王・ヒルトン」たちと並んで、アメリカの最も成功したビジネスマンの一人として、サクセス・ストーリーに必ず紹介される人物である。

だが、ロックフェラーやヒルトン同様、ワナメーカーも敬虔なクリスチャンであり、「聖書を土台にして人生を築いた人」であることは、あまり知られていない。しかも彼らが抜きん出て成功した秘訣は、「聖書の言葉を文字通りビジネスに適用した」という単純な真実を知る人は、ほとんどいない。

日本人は外国から良いものを輸入して、それを活用することにおいては天才的な能力を持っている。けれどもほとんどの場合、それはあくまでもハウ（how 方法・テクニック）の活用に限られ、どのようにハウが生み出されたのかの「原点」までは探ろうとはしない。だから、あの手この手の方法を追いかけているうちに、自分自身を見失ってしまうことが多いのである。成功の方法（ハウ）は、自然に生まれたのではなく、必ずそれを作り出して成功した人物（who フウ）がいる。

「どのような人物（フウ）が、どのようにして、成功する方法（ハウ）を作り出したのか？」

これを知ることこそが、最も意味あることであり、最も感動することであり、最も影響力を持つことである。

私にとってワナメーカーは、「アメリカの有名な成功者の一人」に過ぎなかった。本書を読んで、ワナメーカーが、「聖書を土台として真剣に生きることによって、とてつもない成功を達成した人物」であることを知った時、心の底から感動し、「私も彼のようになりたい！」という強烈な願いを持った。

ワナメーカーという「人物を造った方」、そして彼が人生の土台とした「聖書を造った方」は、万物の創造主なる神である。すべての方法（ハウ）の「究極の原点」は、万物の創造主・全知全能の神（フウ）なのであり、神の言葉である聖書なのである。神の最大の関心は、人間を救って「神の人」にすることであり、「神の人」を造り上げて、「神の使命」を実現させることである。万物の創造主が造り上げる「神の人」のいくつかの特徴を、ワナメーカーに見ることができる。

①神の言葉である聖書を信じ、いつも生き生きとしている。
②小さなことに忠実であり、どんな仕事にも努力を惜しまない。
③相手を心から愛し、相手に誠実に仕えている。
④常に新しい発想が浮かび、何事にもクリエイティブである。
⑤とてつもなく壮大なビジョンを持っている。
⑥困難に立ち向かう大胆なチャレンジ精神にあふれている。
⑦いかなる障害をも粘り強く乗り越えていく忍耐力がある。

これらは創造主が持っている特質であり、聖書の言葉そのものでもある。

今、ワナメーカーのような人物が日本に十人現れたら、日本だけでなく世界が大きく変わるに違いない。

本書は、「あなたもワナメーカーのような本物の成功者になれる！」と、読者一人一人に力強くチャレンジしてくれる。どうしたら本物の成功者になれるのかという方法も具体的に教えてくれる。現代日本人の必読の書である。

佐々木　満男（国際弁護士）

クリスチャンの代表

ジョン・ワナメーカーは、私たちの時代のクリスチャンの代表です。私たちは「ワナメーカー」という名前を聞くと、すばらしいクリスチャンだと考えます。しかし彼の生涯は、伝説や芸術品のように、部分的にしか知られていません。彼の生涯がどのようにして始まり、どのように困難を克服してきたかを詳しく知る人はいません。しかし今回、ジョン・クゥアン牧師が、まるで鉱山から宝石を掘り出すかのように、ワナメーカーの人生を掘り起こし、本として出版してくださいました。とても感謝な事です。

ワナメーカーは、主の教会を愛する人でした。彼は教会が自分に与えてくれた祝福を忘れることなく、多くの教会を建てました。また、自分が子どもの時に聖書を通して受けた祝福を覚え、生涯をベタニヤ教会の日曜学校の教師としてささげました。さらに郵政長官として任命された時も、主日（日曜日）にみことばを教えるという神様との約束を守るため、主日を守るという条件を大統領からもらい、毎週ワシントンＤ・Ｃからフィラデルフィアまで、長い道のりを汽車で通い、子どもたちに神様のみことばを伝えました。それだけでなく、世界のいろいろなところでＹＭＣＡ運動を導き、青年たちが聖書のみことばに従って生きることができるよう努めたのです。

どのようにして若い人は自分の道をきよく保てるでしょうか。あなたのことばに従ってそれを守ることです。（詩篇一一九・九）

このみことばがワナメーカーの心の中にありました。彼の支援により、一九〇八年、朝鮮独立運動のゆりかごともなったソウルＹＭＣＡが建てられ、私たちは今もこの恩恵にあずかっています。

しかしワナメーカーの生涯のおいて最も大きな祝福は、彼があらゆる分野において優れた経営者であったということです。彼は生涯、聖書によって自分自身を管理することに努め、家庭や教会、企業、ＹＭＣＡなどで優れた経営能力を発揮し、祝福を受けました。愛する妻が天国に召された後も、続けて神の人ヨセフのように自分自身をささげて生きました。

このような貴重な本が出版されるのを心待ちにしていました。もう少し早くこの本に出会っていたら、今の時代がどれほど変わっていたかと考えます。このすばらしい本が、自分自身や家庭、会社を経営したいと願い、また生涯を聖書の導きによって歩みたいと願っているクリスチャンたちすべてに、驚くほどの祝福をもたらしてくれると確信し、韓国教会のすべての信徒たちに喜びをもって推薦します。このような神の人が立ち上がる時、この地の経済や秩序は回復し、国は豊かに建てられることでしょう。このような人物がたくさん起こされることを願い、労してくださったジョン・クゥアン牧師、またこの本を世に送り出された韓国ワード・オブ・ライフ社に、心から感謝いたします。

ホン・ジョンギル牧師（南ソウルめぐみ教会）

信仰によって世に勝利した霊的巨人

金は、どれだけ時間がたっても価値が変わることはありません。金はまた、その色も変わることがありません。多くの人たちが、金を大切にしまっておきます。私たちは、信仰も金と同じように考えなければなりません。いいえ、神様が私たちに下さった宝である信仰を、金よりもさらに尊いと考え、大切にしなければなりません。私たちの心の金庫に、なくさないようにきちんと保管しておかなければなりません。そうする時、その価値はさらに輝き、決して変わることがないのです。

本書には、金のような信仰を大切に思い、堅く守った一人の人生が詰め込まれています。神様が下さった信仰を何よりも価値あるものと考えた人がどのような祝福を受けるのか、そして彼が後の時代にどのような影響を及ぼしたのかが、生き生きと記されています。神様にひれ伏し、主の導きに従順に従ったワナメーカー。生涯、神様の恵みが彼を守る姿や、上から頂いた能力によって苦難や逆境に勝利する姿を通して、とても深い感動を受けることができます。

私がこの本を通して悟った大切な真理を、三つだけ皆さんと分かち合いたいと思います。

一つ目は、小さなことに忠実であるということです。

ワナメーカーは、レンガ工の息子でした。しかしワナメーカーの成功の出発は、レンガ一枚から始まったのです。レンガ一枚で教会を建て、これが彼の人生を成功へと導いたのです。小さなことであっても、まず神様と教会のためにという心、神様はこのような人を今日も探しておられるということを、今一度悟りました。

二番目に、教会での働きの大切さです。

彼が日曜学校の教師として六十七年間奉仕をしたことを知って、私は大きな感銘を受けました。私たちの教会や韓国の教会が、ワナメーカーのように教会での職分を大切にし、一生献身するようになれば、教会の姿はどのように変わるか、また神様にとってどれほどの喜びとなるかを考えてみました。少なくとも、今までよりもさらにすばらしい姿になるだろうと確信します。

三番目に、聖書に対する愛と祈りについてです。

偉大な霊的巨人が建て上げられるまでには、聖書と祈りがなければ不可能であるということを改めて悟りました。聖書を教科書として、百貨店に祈祷室を別に作り、まず祈りとみことばで一日を始めたという事実は、今日の私たちすべてのクリスチャンが見習わなければならない、大切な人生の姿勢だと思います。

ジョン・クゥアン牧師の前作である『ホワイトハウスを祈りの家にした大統領リンカーン』（弊社発行）と同じように、本書は私たちの信仰をしっかりと建て上げてくれる、大切な信仰の指南書として遜色ないと考え、すべてのクリスチャンの方々が一読することをお勧めします。

どうぞこのすばらしい本を通し、信仰によってこの世界に勝利する尊い「信仰の競技者」があふれることを願います。

キム・サムファン牧師（ミョンソン教会）

本書を書くにあたって

フィラデルフィア市内に初めて行った日、市庁の前に一際高くそびえ立つワナメーカーの銅像を見た時の感激と喜びは、今も言葉で表現することはできない。銅像の前に立って、どれほど長い間、みじろぎ一つせずにいたことだろう。胸一杯の感動に我を忘れて、銅像をただ見上げた。まるでワナメーカーが私を見下ろしてほほ笑んでいるかのように見えた。足りない者ではあるが、神様のみことばがあふれている聖書を愛そうと叫びながら生きている私を、がんばれと肩をたたいて励ましてくれているようだった。翌日も私はそこへ行き、ワナメーカーのほほ笑んでいる銅像を見て、その姿を心の奥深くに刻んだ。

聖書によって結び合わされた絆と言えば、少し大げさだろうか。しかし私はあえて、ジョン・ワナメーカーとの出会いは聖書がつなげてくれたものだと言いたい。聖書に埋もれて過ごした年月の中で、私はたくさんの人に会った。聖書の中で人生の知恵を学び、慰めと力を受けるだけでなく、聖書自体が人生の中心となり、指標となっていた人々……。彼らの人生は、私を激しく揺さぶった。そのようにして出会った最初の人がリンカーンであり、その次に熱い感動で私の背中を押した人がワナメーカーだった。

ジョン・ワナメーカー。私がこの人物について知っていたことは、レンガ一枚で教会を建てた少年だということ、百貨店王として成功し、後に郵政長官になり、あるインタビューで「長官は副業であり、日曜学校の教師が本業です」という有名な言葉を残したということ。また、「自分の人生での最高の投資は聖書だ」と告白した人であるということ。そして韓国人のために鐘路《ジョンロ》二街にあるＹＭＣＡの建物を建てた人であるということ。これらのことを断片的に知っていただけだった。

しかしワナメーカーについての短いエピソードの断片は、彼についての好奇心をさらにかき立てた。その上、聖書を愛した人であったということ、特に私たちの国と関係が深いため、青い目をした外国人であるワナメーカーがさらに身近に感じられた。

ある日、私は百貨店王として知られているジョン・ワナメーカーの人生をもう少し深く研究してみなければならないという結論に至った。彼が生まれたフィラデルフィアを訪ね、彼の軌跡が残っている所をすみずみまで見て回り、ワナメーカーについて理解しようと努めた。そのために私の人生の一部を投資しても惜しくないという確信があったのだ。忙しいさまざまな仕事を脇に置いて、私はその決心を実行に移した。私たちの民族のために多額の寄付をしてＹＭＣＡの建物を建ててくれた人に対して、大韓民国の国民の一人として小さな恩返しができればと考え、ワナメーカーの故郷を訪ねたのだ。

そして彼に出会った。彼の銅像の前に、数えきれないほど行った。そして博物館や図書館、フィラデルフィア長老教会、ジョン・ワナメーカー百貨店、ベタニヤ連合教会、公園墓地などを訪れながら、ワナメーカーが成し遂げた数多くの業績に直接触れ、驚きと衝撃を感じずにはいられなかった。私の想像を超えた霊的巨人ワナメーカーに、なぜもっと早く出会わなかったのかと後悔した。ワナメーカーのことを知らない韓国のすべてのクリスチャンの方々に、きちんと知らせなければならないという使命感が生まれた。

ジョン・ワナメーカーは、実に宝石のように美しい信仰の人として人生を生きた。このように意味のある人生を生きることができる人がどれほどいるだろうか。私は彼についての資料を集め、それをもとに私の感動を込めて一ページ一ページ書き進めながら、何度も涙を流した。ワナメーカーの人生がとても美しく、その愛に感動し、彼の熱心と献身を前に、自分自身が恥ずかしくなり、涙が止まらなかった。

生涯聖書を愛し、教会と子どもたちのために仕え、献身する信徒としての実業家の姿は、今日も私たちの信仰のモデルとなっている。六十七年間、教会学校の教師として奉仕し、献身した人、たくさんの教会を設立し、世界最大の教会学校を作り上げた人、ＹＭＣＡの働きに六十五年間も変わることなく献身し、世界各地に数多くのＹＭＣＡの建物を建てた人、世界最大の百貨店を作り上げ、社員たちの尊敬を受け、人々の愛を受けた最高の市民として銅像まで建てられた人……。彼の人生は、彼が自分で成し遂げたものではなく、聖書が造り、神様が造られたものだった。

私たちは、いつも教会の働きや自分自身の働きにおいて成功したいと願っている。そしてしきりにそのような偉人を探しては、学ぼうと努力している。そのような面においても、確かにワナメーカーは、教会の働きと事業において、同時に成功した人だと言える。彼は世界のすべてのクリスチャンたちに、神様の働きに献身しながら、職場と事業においても成功することができるという事実を、その人生を通して証明してくれた。

これから『世界初、史上最大の百貨店王ジョン・ワナメーカー』をお読みになるすべての方々が、ワナメーカーのバランスの取れた人生をモデルとして、教会と職場において、すべてに勝利することができるよう願う。ワナメーカーがまず神様を愛し、神様の働きに優先順位を置いて生涯献身したように、多くのキリスト者が神様の働きにまず献身し、キリスト者の職分を大切にし、その後、神様が下さった知恵と輝くアイデアで、人生においても成功することを願う。

この本が、人々の心に静かな感動を生み、自分自身や家庭、教会、さらに一歩進んで、この国を変える貴重な道具として用いられたら、この本を書いた者として、これ以上の大きな幸せはない。

「主よ、この本が一人の人間であるワナメーカーを高めるのではなく、彼がまず神様を愛し、神様に栄光をささげた時に、彼を最高の市民として高めてくださった神様に出会うことのできる、霊的な道具となりますように。アーメン」

＊＊＊

いつも、一冊の本が出版され、世に出るまでには、背後で共に苦労してくださっている方々がいる。いつも足りない息子のために絶えず祈り支えてくれる力強い両親の愛に感謝する。また、疲れ果て、絶望したり落胆したりする時にはいつも、希望と激励を惜しまず、執筆に専念できるように計らってくれた愛する妻、執筆中の父親のためにたくさんのことを喜んで我慢してくれたかわいい二人の子どもたち、ハヨンとソンミンにも、ありがとうと言いたい。

また、この本の推薦の言葉を記してくださったホン・ジョンギル牧師とキム・サムファン牧師にも心から感謝する。ホン・ジョンギル牧師は、この本の推薦の言葉と、本のタイトルまで決めてくださった私の霊的な恩師である。キム・サムファン牧師は、前回出版した『ホワイトハウスを祈りの家にした大統領リンカーン』を韓国の教会に紹介してくださった、私の恩人ともいうべき牧師である。

この本を執筆している間、物質的にも、また肉体的、霊的にも私を支えてくださったノースフィールド教会のイ・ボムフン牧師と信徒の皆様、そしてプリンストンで勉強している友人のパク・ヒョンジン牧師の助けと犠牲がなかったら、この本は永遠に日の目を見ることはなかっただろう。

最後に、この本が出版されるにあたり、心血を注いでくださった韓国ワード・オブ・ライフ社の皆様に深い感謝の意を表し、この本の最初から最後の瞬間まで、感激と喜び、知恵と愛で、共にいてくださった神様にすべての感謝と栄光をささげる。

イリノイ州ノースブルック図書館にて

ジョン・クゥアン牧師

目次
Contents

1部　聖書の上に建てられたビジョン

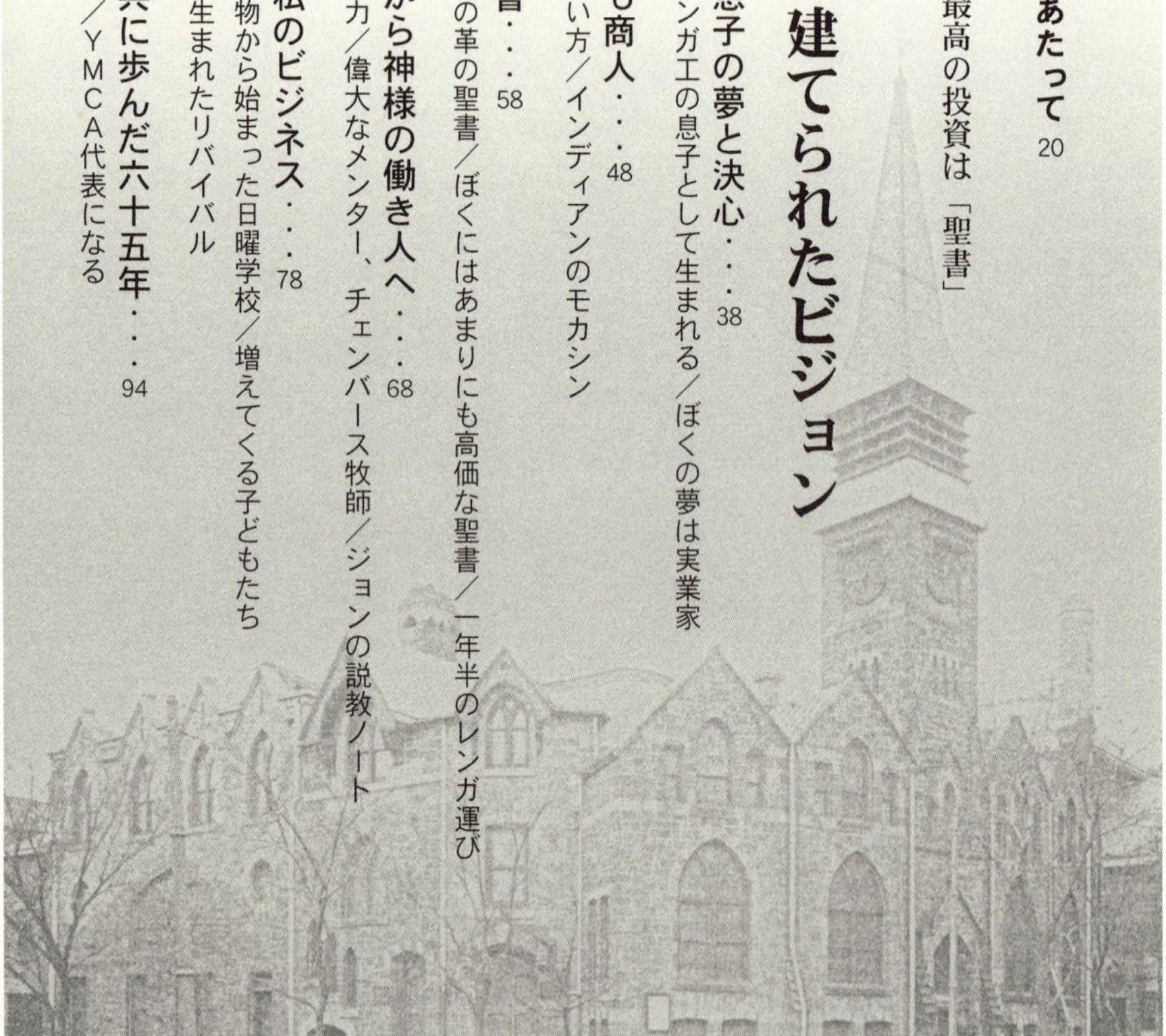

John Wanamaker

2部

百貨店王 ジョン・ワナメーカー

3部　最高の信徒奉仕者

4部 最後の命を花火のように

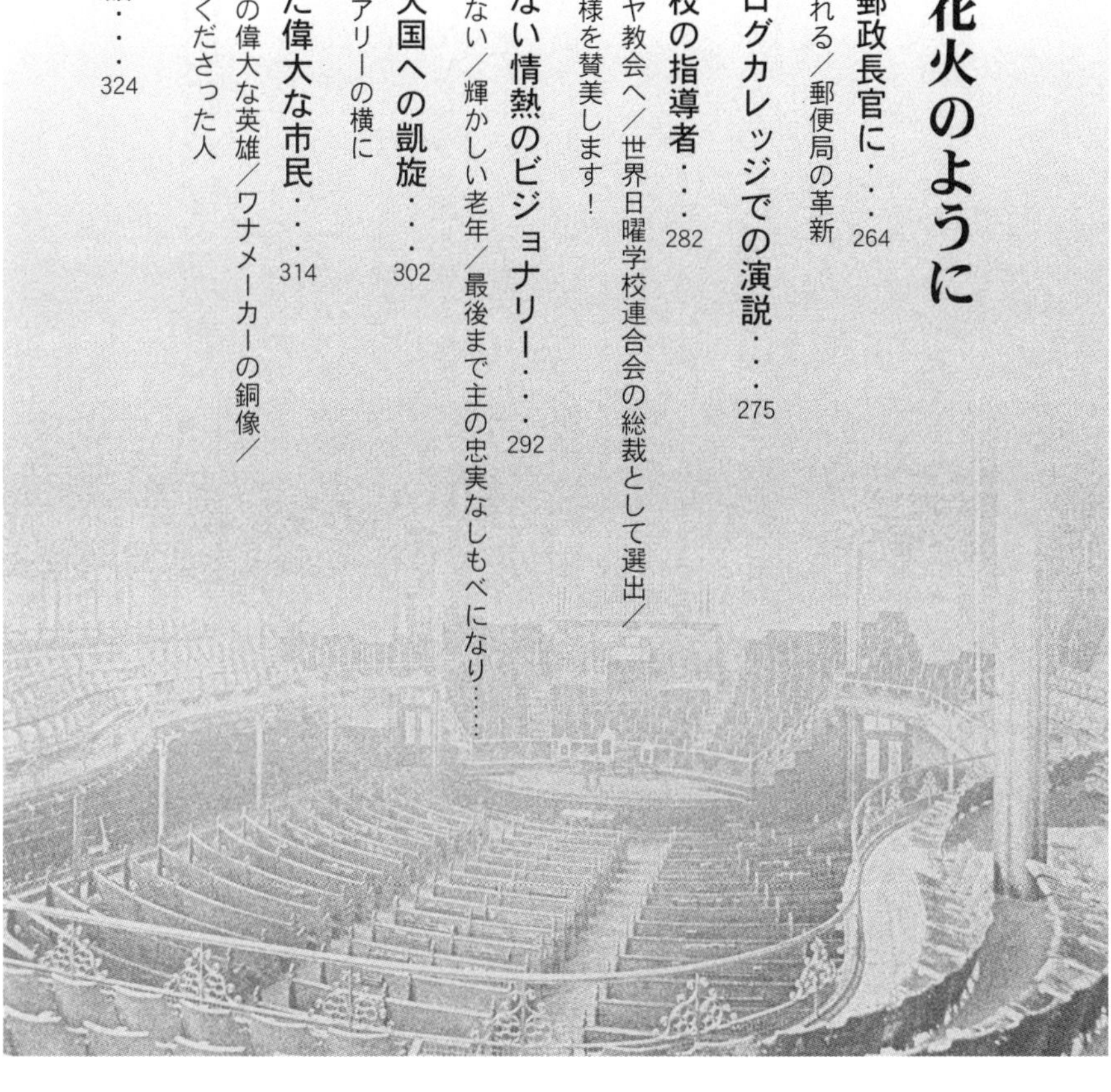

プロローグ

私の人生の最高の投資は「聖書」

アメリカの百貨店の創始者であり、百貨店王。

優れた判断力とアイデア、経営能力を認められた郵政長官。

世界の各地にＹＭＣＡ会館を建てた人。

そして子どもたちを愛し、子どもたちのために仕え、教えることを人生の一番大きな働きだと知っていた日曜学校の教師。


人の一生で、このようにそれぞれ異なった分野で優れた業績と美しい足跡を残した人がいるだろうか。ジョン・ワナメーカーは、誰でも簡単にまねできないほどの人物だった。

当時八十四歳だった一九二一年、実業家として六十年を迎えた記念行事で、ある記者がワナメーカーに次のような質問をした。

「会長。今までで、一番成功したと言える投資は何でしたか」

ワナメーカーは、ためらうことなくこう答えた。

「私は十歳の時に、最高の投資をしました。その時、二ドル七十五セントできれいな革の聖書を一冊買いました。これが私の人生の中で最も偉大な投資でした。なぜなら、その聖書が今日の私をつくったからです」

記者が再び質問した。

「聖書を買いさえすれば成功できると言うことですか」

「そうではありません。まず神様を信じ、みことばを実践しなければならないでしょう。神様を信頼して楽しみ、喜んで働いてみたら、成功がいつの間にか横に近づいていたということです」

アメリカの十六代大統領アブラハム・リンカーン、情熱の福音伝道者D・L・ムーディーと同じ時代に生きたジョン・ワナメーカー。貧しかった子ども時代、ただ神様だけに拠り頼んで育ち、神様のみことばである聖書を読んで夢を抱き、聖書の教えを実践した人。彼は自分に与えられた人生を最善を尽くして生き、そのすべての栄光と誉れを神様にささげた偉大な人だった。大部分の人が聖書を知っているだけで満足して生きている中、ワナメーカーの人生は、毎瞬間、聖書のみことばを実践して夢を成し遂げることによって満たされていったのだ。

John Wanamaker

1部

聖書の上に建てられたビジョン

レンガ工の息子の夢と決心／優れた子ども商人／赤い革の聖書／レンガ少年から神様の働き人へ／日曜学校は私のビジネス／ＹＭＣＡと共に歩んだ六十五年

01 レンガ工の息子の夢と決心

母のお使い

「ジョン。お使いを一つして来てくれる？　ルイスおじさんのお店に行って、糸を一束買って来ておくれ。リジーおばさんのドレスを仕上げないといけないんだけど、生地と糸が合わなくってね。これが服の生地のサンプルとお金だよ」

「はい、お母さん。急いで行ってきます」

ちょうど友だちのジェイコブと市内に行こうとしていたジョンは、喜んで門の外に飛び出した。お母さんから預かった布切れとお金をポケットの中に深くしまって、軽い足取りで市内へ向かった。

ジョンとジェイコブは糸を売っている大きな店の前に着いた。門を用心深く開けて中

“今たとえ不幸な環境にいたとしても、真実な心があるのなら、まだ幸せを大切にしまっているということだ。なぜなら真実な心からのみ、力強い知恵が湧き出るからだ”

── ジョン・ワナメーカー

に入ると、レジの横にいた一人の店員がぶっきらぼうに聞いた。

「お前ら、何を買いに来たんだ」

「あの、糸を一束買いたいのですが……」

「何色が欲しいんだ。金は持って来たんだろうね」

「もちろんです」

ジョンは、少しむっとした表情でポケットの中にある生地のサンプルを探した。けれどもポケットの中のサンプルはどこに隠れてしまっているのか、なかなか出てこなかった。

「お前が欲しい色を早く選んじまいな。こっちは忙しいんだから」

店員はさも面倒くさそうに、イライラした様子でせきたてた。

「ちゃんと選べるかどうか分からないんです。生地のサンプルを持って来たはずなのに、見つからなくって…」

「何だと。正直に話してみな。おまえら糸を買いに来たんじゃないな？　俺たちは、お前らみたいな怪しい奴らをたくさん知ってるんだよ」

店員がいじわるな言い方をすると、ジョンの顔は赤くなった。すぐにでも店の門を蹴って出て行きたかったが、お母さんのことを考えてぐっと我慢した。とうとうジョンは、悩んだあげく一つの色を選んだ。

「この色が合うんじゃないかと思います」

店員はジョンからお金をもらって、糸束を渡した。ジョンたちが門を開けて外に出ようとした瞬間、もう一度内ポケットを調べてみたジョンの手の中に布の感触があった。

「あった」

ジョンは、急いで糸束と布を比べてみた。ところが何と、色が違ったのだ。ジョンは急いで店員のところに行って言った。

「おじさん！　生地がありました。でも色が違ったんです。たった今買ったばかりだから、もう一度、色を取り替えてくださいますよね」

「どうして俺が商品を取り替えてやらなきゃならないんだ。お前はもう金を払ったんだ。誰もお前にその色を選ぶよう無理強いしなかっただろう」

「でも、これは母が欲しい色じゃないんです！」

「簡単なお使いさえろくにできないお前を、店によこしたお前の母親が間違ったんだな」

「でも、ぼくはまだこの糸束をダメにしても汚してもいないじゃないですか。おじさん、どうか取り替えてください」

店員はこれ以上我慢できないといった様子で、大声でどなった。

「これは、お前が自分で選んで、誰も押し売りした物じゃないだろ。ごちゃごちゃ言わず、さっさと失せろ！」

ジョンと友だちのジェイコブは、外に追い出された。ジョンはとても悔しくて、体を震わせてジェイコブに大声でこう言った。

「ジェイコブ。ぼくはもう二度とこの店には来ないよ。本当にひどい人だ！　お客さんをこんな目に遭わせるなんて。ぼくがお店の主人だったら、いつだって喜んで商品を取り替えてあげるし、お客さんみんなに親切にしてあげるんだ」

ジョンは、この決心をくり返し心の中に刻んだ。

レンガエの息子として生まれる

両手をぎゅっと握りしめて、親切な店の主人になるんだと堅く決心したジョン・ワナメーカー。彼は一八三八年七月十一日、蒸し暑さが真っ盛りの夏の日に、フィラデルフィアのある町外れの二階建てのレンガエの家庭に生まれた。貧しくて平凡な父ネルソン・ワナメーカーと、母エリザベスとの間に生まれたジョンに注目する人はいなかったが、力強い産声は夏の空に響き渡った。

ジョンの両親は持っている物は少なかったが、正直に生きていた。

ジョンが育ったのは、大きな柏の木とにれの木、ブナの木、ケヤキの木などがうっそうとした森を作っている静かな田舎の村で、夏には子どもたちが川辺で泳いだり魚つかみをして遊ぶことができる平和な所だった。

村の学校もまともに建てられないほど、発展が遅れていた地域だったが、一八四七年ごろ、ついに小さな学校の門が開いた。ジョンはその学校に入学して学校生活を始め、さまざまな授業の中でも算数の時間を一番楽しんだ。彼にとって、計算することよりおもしろく楽しいことはなかった。また暇さえあれば辞書を引いて単語を当てる遊びにはまって、文を書くことや本を読むことも好きだった。後に「子どものころ、聖書を読むことのほかに私にとって一番楽しかったことは、辞書を引いて単語を調べて文章を書くこと」と告白したほどだった。

反面、ジョンにとって体育の時間はあまりうれしい時間ではなかった。バスケットボールや野球のような球技をする時はいつも転んでケガをしたし、かけっこもいつも誰よりも遅かった。冬になって硬く凍った池でほかの子どもたちが面白そうにスケートをしている時にも、ジョンは転んでケガをするのではないかと恐れ、ソリに乗るのが精いっぱいだった。

ジョンが十二歳になった年、家族でインディアナへ引っ越すことになり、その後ジョンは学校教育を受けることはできなかった。しかしたとえ正規の教育を受けられなかったとしても、ジョンには日曜学校があった。十歳の時から通っていたランドレス日曜学校は、市からランドレスという人の家を買って、教会として使用することができるように許可をもらって作った所だった。ルーテル教会が日曜学校の運営を財政的にも支援して、ウィリアム・J・ホーラックとジョンのお父さんであるネルソン・ワナメーカーが最初の教師となった。後にワナメーカーは世を去る前に、ランドレス日曜学校について次のように回想した。

「私はランドレス日曜学校に最初に行った時から七十五年間、日曜学校で聖書教育を受けてきました。その時間が私の人生の中で一番楽しく、幸せな時間でした」

勤勉なジョンの父は、家の近所でレンガ工場を運営していた。人手が足りなかったり、助けが必要な時、少年のジョンは放課後父親を助けて、日給七セント、週に四十二セントで工場の仕事を手伝った。難しくて大変な仕事はできなかったが、こ

ジョン・ワナメーカーが生まれた家▶

まごました雑用や陽に乾いたレンガを裏返す仕事はいくらでもできた。

ジョンが十四歳の時、母親と七人兄弟を残して父親が世を去る前まで、ジョンにとってレンガ工場での仕事は、楽しくうれしいものだった。

ぼくの夢は実業家

信仰心の篤いジョンのお母さんは、自分の息子が牧師になることをひそかに願っていた。

「愛する息子、ジョン！　お母さんはお前が勉強をもっとたくさんして、牧師になったらいいと思うんだけれど……。お前はどう思う？　お前は信仰がしっかりしているから、すばらしい牧師になれると思うわ！」

ジョンはお母さんの言葉を聞いて、自分の将来に関して深く考えていなかったことに、はっと気づいた。そこで紙を取り出し、まず自分がなりたいもの、うまくできそうな仕事を思いつくまま書いてみた。

「家を建てることに興味があるから、建築家
文章を書くことが好きだから、ジャーナリスト
体が弱いから、自分みたいに弱い人を治療する医者
お母さんが願っているから、牧師
……
お金をたくさんもうけて、神様の働きをする実業家」

ジョンはいろいろな職業を順々に書き出し、一番最後に実業家と書いた。そして紙の上に書いた職業を、じっくり考えながら一つ一つ消していった。

このようにして、最後に残った職業は、「牧師」と「実業家」だった。ジョンは、簡単にどちらか一つを消すことができなかった。そして目を閉じてもう一度自分の未来について考えてみた。長いこと悩んだジョンは、ゆっくりと一つを消した。消しゴムの後がシミになっている紙の上には、「実業家」という単語が一つだけ残っていた。

ジョンは単なるお金を稼ぐ商人ではなく、店に入って来るすべての顧客を幸せにして、親切と正直さで迎える未来の巨商を夢見た。

ビジネスを通して神様の働きをしようと、ジョンは決心したのだった。

「神よ。私の心はゆるぎません。私の心はゆるぎません。私は歌い、ほめ歌を歌いましょう。」（詩篇五七・七）

02

優れた子ども商人

ジョンは子どものころから、商売と数字に人並み外れた才能を持っていた。誰よりも計算が正確で、優れた才能を持つ大人たちでさえも考えることができないような奇抜な方法で商売することもあった。子どものころのジョンは、どうしたら合理的な方法と多様なアイデアでお金を稼ぐことができるかを本能的に知っていたようだった。そんな彼が「実業家」を夢見るようになったのも当然のことだった。

ジャガイモの買い方

ある日、学校で担任の先生がクラスの子どもたちに、アイルランドの聖パトリックデー

このようなことは到底不可能だと考え始めると、そのことを自ら不可能にしてしまう
— ジョン・ワナメーカー

を記念してパーティーを開こうと提案した。生徒たちは歓喜の声をあげてその提案を大歓迎し、パーティーのために先生は魚を、男子生徒はジャガイモを、女子生徒はパン、バター、ジャム、野菜などを準備してくることに決めた。ジョンは授業が終わって教室を出るなり、友だちのジェイコブに心配そうに言った。

「ぼくはジャガイモを持って来られないかもしれない。去年の収穫はとても少なくて、家にもないと思うんだ」

ジェイコブも心配そうに言った。

「ぼくんちも同じだよ。ぼくもジャガイモを持っていけないと思う」

しかしパーティーを台無しにしたくないと考えたジョンは、しばらく一生懸命考えた後、突然ジェイコブの腕をつかんだ。

「ジェイコブ。ぼくたちの村の道の向かいのホソフルおじさんのお店にジャガイモがあるよ！」

「それが何の関係があるって言うのさ。ぼくたちにお金があるわけじゃないし……」

「ぼくはお金がなくても、物を買うことができるよ。お父さんがレンガと卵で、砂糖とかパンとか肉とか野菜、洋服だって、何でも買うのを見たもん」

「だけどぼくたちにはレンガも卵もないじゃないか」とジェイコブはつぶやいた。

「明日は土曜日だから、谷川へ行ってカエルを捕るんだ。そして次にお店に行ってカエルとジャガイモを交換してもらうんだよ。ホソフルおじさんはカエルの足が好きなんじゃないかな」

ジョンの目は期待できらきらしていた。

土曜日の午後は、カエルを捕まえるのに絶好の日和だった。ジョンとジェイコブは谷川へ行ってズボンをももまでまくり上げ、カエルを捕まえ始めた。大きな太っているカエルが一匹、石の上で日光浴を楽しんでいるのを見つけたジョンは、そろそろとはっていき、あっという間にカエルをつかみ取った。何時間かで二人は、大きいのやら太っているのやら、たくさんのカエルを捕まえた。かばんをカエルであふれさせて、二人は家に戻った。それからカエルの足を豪華に包装し始めた。

彼らは軒下の日当りの良い所へ行って、カエルの足をきれいに手入れした。そして台所に行き、大きなお皿を持って来てナプキンを広げて、見た目よく並べて、きれいな布で覆った後、注意深くそれを持って店に向かった。店の主人のホソフルおじさんは、明るい性格のお腹のでっぱったオランダ人で、評判の美食家だった。店の前にはジャガイモ、タマネギ、砂糖、小麦粉などがうず高く積まれていた。

「おチビたち、何か用かい？」

店の主人のホソフルおじさんが笑いながら聞いた。

ジェイコブがきまり悪そうに顔を赤らめていると、ジョンが前に出て大胆に言った。

「おじさん。カエルの足を買ってくれませんか。とっても新鮮でいいやつです。アメリカンドッグより何倍もおいしいんです」

「まったく」と言いながら、ホソフルおじさんは豪快に笑いながらジョンが差し出したカエルの足をじっと見た。意外にもこぎれいに包装され、新鮮でおいしそうに見えた。やはりうわさ通りの美食家だった彼は、すぐに商談に入った。

「ふむ。今さっき捕まえたカエルだね。いくらで売るつもりだい」

目をきらっとさせて、ジョンも本格的に取引を始めた。

「ジャガイモと交換したいのですよ」

「ジャガイモと交換したいだって？　で、このげっそりやせこけたカエルの足と、ジャガイモ何個を交換できるって言うんだい」

その時、突然ジェイコブが割り込むように「六個です！」と声を上げた。四個手に入れば幸いだと考えたジェイコブは、期待に満ちた目でおじさんを見上げた。しかしホソフルおじさんの目のふちにうかんだ満足そうな笑みを見たジョンは、すぐに機転を効かせて「一人に六個ずつです！」と叫んだ。

ホソフルおじさんはジョンの言葉に少し困った様子だったが、ジャガイモはおじさん自身が選んだ物をあげるという条件で、快く十二個のジャガイモを包んでくれた。

家に戻る道で、ジェイコブはジョンにありがとうと言いながら聞いた。

「君のおかげで夕食に食べるジャガイモまで手に入ったよ。でもどうしておじさんがぼくたち一人に六個ずつくれるって思ったんだい」

「理由は二つだよ。一つはジャガイモを『六個』って言った時のおじさんの顔の表情を読んだのさ。大人たちは子どもを適当に利用しようと考える時、ああいう意味ありげな笑いを見せるからね。それと、カエルの足一皿にジャガイモ十二個っていうのは、ちょうどいい値段じゃないかって思ったんだ」

少年ワナメーカーは、商談をする時、相手の意中を読む能力、自分が提示した物に対して適格な価値をつける方法を、誰が教えたわけでもないがよく知っていた。

インディアンのモカシン

ジョンが十二歳になった年、彼の家族はおじいさんの勧めでインディアナ州に引っ越すことになった。新しい土地に適応するのも大変だったが、ジョンはだんだん体がむずむずして来た。積み上げられていくだけのリンゴがもったいなく思えてきて、このリンゴをちゃんと売ることができる妙案も思い浮かび、これ以上じっとしてはいられなかったのだ。やっとのことでおじいさんを説得したジョンは、弟のウィリアムの手を引いて出て行った。隣村のリズバーグ広場に行ったら商売ができるような予感がしたのだ。案の定、広場はキャンプをしに来た旅行客や子どもたちを連れた家族客でごった返していた。

ジョンは急いでおいしそうなリンゴをきれいなカゴにつめ、人々の視線を集めた。見た目が良くて味もいいリンゴは、飛ぶように売れた。そして売れたリンゴは、そのままポケットの中のお金へと変わっていった。日が暮れるころ、懐が暖かくなって家に戻ったジョンは、堂々とその日の出来事を誇らしげに話した。

何日か後、ジョンは再び弟のウィリアムと一緒に果物と野菜をいっぱい持ってリズバーグ広場に出かけた。しかしその日は人が一人も見えなかった。

「お兄ちゃん。旅行客が一人もいないね。どうやら今日は難しそうだ」

「いや、だからといって、このまま帰るわけにはいかないよ。お金を稼がないと冬を越すことができないし、冬の靴や服だって買えないじゃないか。ぼくたちはどうにかしてこれを売らないといけないんだよ。ウィリアム。インディアンの村に行ってみようよ」

ウィリアムは、兄の言葉に驚いたようだった。

「お兄ちゃん、あそこは怖いよ。それにあそこの人たちはお金だってないじゃないか」

「そうかもしれないね。でも彼らは、モカシン（鹿の革でできた靴）だって、ぼくたちが必要なほかの物だって持っているよ。果物とか野菜と取り替えたら、お金と変わりないじゃないか」

「でもあそこは危険だよ。ぼく、インディアンの村に行きたくないなあ」

ウィリアムはしばらくごねていたものの、すでにインディアンの村に馬車を走らせている兄を止めることはできなかった。一時間以上は走っただろうか。インディアンたちのテント式の小屋が彼らの目の前に現れた。一番大きなテントの前に馬車を止めると、犬たちが吠え、それに続いてぼろぼろの服をはおった一人の老人がテントをめくって出てきた。

「ここで商売をしたくてやって来ました」

ジョンが大きな声をあげた。老人は何も言わず、再びテントの中に戻ると、すぐに背の高い若いインディアンが出て来た。彼は少年たちに何の用で来たのかと尋ねた。ジョンは持って来たリンゴ、ジャガイモ、カボチャなどを広げ、インディアンたちにこれを売りたいのだと話した。

「いくらならいいんだ」

若いインディアンが聞いた。

「アメリカのお金で一ドルです」

彼は指を一本立てて見せながら、一ドルだと言った。若いインディアンは頭をふって金はないと言った。すでに心の準備をしていたジョンは、笑顔で若いインディアンが履いているモカシンを指差した。そして自分と弟のウィリアムの裸足の足を指差した。

「モカシン！　モカシン！」

ジョンは何度もモカシンと叫んだ。若いインディアンはジョンの言葉を聞いて大きな声で笑った。そしてテントの中に入り、手の込んだ作りのモカシンを二足持って出てきた。

「ほら、モカシンだ。これとお前が持って来た物と交換しよう。また次もカボチャとジャガイモや果物を持って来てくれるかい」

「もちろんですとも」

インディアンたちとの最初の取引は成功に終わり、ジョンは飛び上がるほど喜んだ。ジョンと弟のウィリアムはまるで大きな冒険を終えて帰ってきたかのように、家に戻るまで胸が高鳴っていた。ジョンは冬の間中ずっとインディアンの村で商売ができると考えて、夜も眠れなかった。新しい市場を開拓した喜びが、これほど大きいとは知らなかった。兄弟の冒険談に家族は驚き、寒い冬の日、モカシンは彼らの足だけでなく、家族たちの心まで温かくしてくれた。

「人の心にあるはかりごとは深い水、英知のある人はこれを汲み出す。」（箴言二〇・五）

03
赤い革の聖書

ホーラック先生の革の聖書

大人たちもまねできない商売の方法をひっきりなしに考え出し、さらにはそれを実際に成功させたジョンは、すでに町で優れた商売人だとうわさされるほどだった。しかしこのような賜物や才能を持ったジョンにとって、本当に重要なことは別にあった。それは、自分の人生の指標となる神様の言葉が記されている聖書だった。

聖書との初めての出会いは、ランドレス教会の日曜学校に通っていた十歳の時のことだった。誰よりも聖書の勉強を一生懸命していたジョンは、自分だけの聖書がとても欲しかった。しかし、皆が貧しく苦労しながら生活していた時代に、人里離れた田舎の町

“聖書を日曜日にだけ使う人は、弱々しい人生を生きることになる”

— ジョン・ワナメーカー

の日曜学校で、自分の聖書を持っている子どもなど一人もいなかった。

そんなある日、日曜学校の聖書勉強の時、いつものように子どもたちは聖書のみことばを聞きながら、目をキラキラさせていた。そんな子どもたちを見ながら熱心に教えていたホーラック先生は、聖書勉強を終えた後、子どもたちに自分の赤い革の聖書を取り出して見せながら、こう言った。

「ほら、この聖書は素敵だろう。昨日の夜、ふとこんなことを考えたんだ。もし君たちがみんな、聖書を持つことができたら、読みたい時にいつだって読むことができるし、聖書を読むことによってすばらしい人になることができる。もし聖書を買いたいのなら、先生が市内の本屋さんで少し安い値段で買って来てあげるよ！」

自分の聖書を手に入れるチャンスを得たジョンは、聖書勉強が終わると先生にお願いした。

「先生、ぼく、聖書を一冊買いたいんですけど……」

「そうかい。じゃあ、ご両親に話してから買わないといけないね」

「それは心配しないでください。母はぼくが聖書を持たないといけないって、いつも言っています。母はぼくが牧師になったらいいと思っているんです」

ホーラック先生は喜んで約束した。若いジョンは、聖書を持つことができるという喜びに興奮して、次の主日が早く来ないかと、指折り数えながら待った。そしてその間、貯めていたお金を計算してみた。全部で三十七セントだった。ジョンは心の中で考えた。

「先生が聖書を安い値段で買えるっておっしゃっていたから、これくらいあれば十分だろう。このお金なら、ジャガイモの大きな袋だって買えるくらいだからな」

ぼくにはあまりにも高価な聖書

ついに主日がやってきて、ジョンは朝早く急いで教会に向かった。あまりにも早く着いたからか、教会には誰もいなかった。がらんとした礼拝堂で、ジョンは先生が来るのをもどかしい思いで待った。ついに教会に入って来たホーラック先生の姿が見えた。ジョンは興奮を隠しきれず、先生に走り寄った。

「先生、聖書は……」

先生はにっこりと笑って、聖書を差し出した。包装紙をはがすと、きれいな赤い革の聖書が現れた。ジョンは満足げに笑みを浮かべた。

「ありがとうございます。先生、ところでいくら払えばいいですか」

「二ドル七十五セントだったよ！」

「え？　二ドル七十五セントですか」

ジョンはひどく面食らって、顔が固まってしまった。

「ジョン、こんな素敵な革の聖書がこれくらいの値段なら、かなり安いんだよ」

ジョンはのどから手が出るほど自分だけの聖書が欲しかったが、この値段はあまりにも高かった。言葉を失ったジョンは、先生に聖書を差し出し、力なく言った。

「ぼくが思い違いをしていたようです。先生、どうしてもぼくには買えません」

ホーラック先生はとても困ったようだった。市内までわざわざ出向いて買ってきた聖書だった。その上、一度買ったものを返品することなどできない時代だった。先生も、聖書を簡単に買ってあげられるような生活ではなかった。

「それは、困ったなあ……」

その時、困った顔で悩んでいたホーラック先生の古びた服が、ジョンの目にとまった。先生のぼろぼろの背広とすり減った靴は、先生がどれほど生活に困っているかを物語っていた。先生の困った表情に、ジョンの心は押しつぶされそうだった。少ししてジョンは、何かを決心した表情で口を開いた。

「先生。その聖書、ぼくが買います。でも今日はお金を全部払うことができないんです。今日は三十七セントだけお支払いします。このお金は、ぼくが持っている全財産なんです。残りは、父のレンガ工場で仕事をして稼いでお返しします」

ホーラック先生はジョンをぎゅっと抱きしめて言った。

「ごめんね、ジョン。先生がお前にプレゼントしてあげられたらいいんだけど。いずれにせよ、自分で聖書を買おうというお前の決心はすばらしいよ。聖書はお前にとって、この世のお金では計算することのできない、大切な宝をくれるはずだよ」

一年半のレンガ運び

ジョンはその日、一日中借りたお金を返すための仕事のことで頭がいっぱいだった。レンガを百個を運ぶと二セントもらえる。だとすると、三十七セント引いた二ドル三十八セントを返すためには、一分一秒も怠けることはできなかった。ジョンは考えれば考えるほど、目標がはるか遠いことのように思えて目の前が真っ暗になった。借りたお金を返していくことは、幼いジョンにとってとても大変なことだった。しかしほかにお金を稼ぐ方法はなかった。

次の日の放課後、ジョンはレンガ工場に走って行き、聖書のことを、父親に正直に打ち明けた。父親は、ジョンが仕事をして聖書の代金を返すという決心を尊重し、その日からレンガ運びの仕事をさせることにした。

「ジョン。仕事をすることは恥ずかしいことじゃない。とても誇るべきことだ。ただし、お父さんの工場で仕事しているからといって、怠けてはいけない。一生懸命、せっせと働かないとだめだよ。わかったね」

初日に父親が息子のジョンにした忠告だった。ジョンは若い青年たちが仕事をしているところに歩いていった。彼らはズボンをひざまでまくり上げて、汗を流しながらぬれた土を裸足で踏んで柔らかく練っていた。ジョンは木の水桶を、父親の近くに持っていった。

「お前がそばにいてくれて、本当に助かるな！」

父親は、明るく笑いながらレンガを作る枠を水の中に突っ込んだ後、もう一度取り出して、きれいな砂の上に載せ、練った土がそれぞれくっつかないようにした。

ジョンは目を大きく見開いて、父親の仕事をじっと見守った。父親は、練った土を押し転がして固く固めた。それから練った土を頭の上に持ち上げて、もう一度正確に枠の中に落とした。父親は練った土を力いっぱい押しつぶし、まっすぐな板状にして上の部分を削った。

「わあ！　レンガが一つでき上がった！」

ジョンは父親の素早く正確な動作を不思議そうに眺めながら、感心して声をあげた。

「お父さんは、ペンシルベニアで一番すごいレンガ工だね」

父親は、息子のジョンの言葉にほほ笑みを浮かべた。

次のレンガができ上がった後、ジョンは父親に自分がレンガを運びたいとお願いした。ジョンは板材の上にレンガをそっと置き、レンガを乾かす所へ行って、注意深くそれを降ろした。

レンガを運ぶ仕事はとても忙しく、休む暇はほとんどなかった。一度運んだ後、流れる汗をぬぐって息をつくくらいだった。ジョンは午後中ずっとレンガを運んで、手には水ぶくれができ、その背はぐったりとなった。

一日を終えると、その日運んだレンガの数を石炭で表示しておいた。この数字は日々足されていき、毎週土曜日に父親が週給として計算してくれた。

聖書を買ってから、ちょうど一年半がたった日曜日、ジョンは先生に最後の十八セントを差し出しながら、大きな声で言った。

「先生。今日が最後のお金を返す日です。これで、この聖書が本当にぼくの物になったんですね」

「ジョン、とうとうやり遂げたな。お前が本当に誇らしいよ。これから聖書を熱心に読んで、そのみことば通り、お前の人生を一生懸命生きたら、神様は必ず祝福してくださるよ」

ジョンは、完全に自分の物となった聖書を胸にぎゅっと抱きしめた。神様のみことばが自分の胸の中に染み込んで来るような気がした。この世で一番価値のある宝物は聖書だとジョンは思った。

「また、幼いころから聖書に親しんで来たことを知っているからです。……それは、神の人が、すべての良い働きのためにふさわしい十分に整えられた者となるためです。」

（テモテへの手紙第二　三・一五〜一七）

04　レンガ少年から神様の働き人へ

レンガ一枚の威力

ジョンが通っていた第一独立教会は建物が古く、雨が降れば屋根から雨漏りがした。教会の庭は舗装されておらず、いつもぬかるみになった。靴下や靴が濡れるのは当たり前で、礼拝堂もひどく汚れていた。しかし信徒たちの中に文句を言う人は一人もおらず、対策を立てる人もいなかった。

ジョンはこのような状況を見て、教会の庭の入口をレンガで舗装しなければならないと決心した。ちょうど父親がレンガ工場をしていたので、レンガを手に入れることは誰よりも簡単にできた。次の日からジョンは、一日七セントの自分の賃金の一部を割いて、レンガを一枚ずつ買っては、誰も見ていない朝早い時間に教会の庭の入口に並べ始めた。

過去にとどまらず、いつも未来を見上げよ。
—ジョン・ワナメーカー

広くて長い教会の庭の入口を、子どものジョンが一人で舗装するには、二年はかかる。しかし奇跡は一カ月もしないうちに起こった。

ある日、第一独立教会の担当牧師であったジョン・チェンバース牧師は、この何週間かレンガを並べているのが誰なのかひどく気になっていた。その主人公を調べるため、牧師はいつもより早く教会に出向いた。入口に入ると、日曜学校に通っている十三歳のジョンが一生懸命レンガを並べ、道の舗装をしていた。ジョンはその日も朝早く、誰にも知られないようにレンガを積んだリアカーを引いてきて、心を込めて仕事をしていたのだ。その姿を見守っていたチェンバース牧師は、胸の奥深くから何か熱いものがこみ上げてくるのを感じた。それは今までに感じたことのない、神様が下さった感動だった。チェンバース牧師は、若いジョンのために心の底から切に祈った。

「神様。子どものジョンが、大人たちもしていない仕事をしています。神様がジョンを必ず祝福してくださり、十倍、五十倍、百倍に報いてください」

チェンバース牧師は主日の説教で、すべての信徒たちにジョンがしていたことについて話した。信徒たちはジョンの信仰と献身に感激し、自分たちの利己的で形式的だった信仰生活を反省した。そして皆で力を合わせて教会の庭の入口を舗装するだけでなく、古くなった教会の建物を壊し、新しい教会を新築しようと心を一つにした。子どものジョンとレンガ一枚一枚が作り出した働きだった。

偉大なメンター、チェンバース牧師

このようにレンガ一枚で始まったワナメーカーとチェンバース牧師の関係は、一生続いた。

「偉大な人物の背後には、いつもメンターがいる」という言葉がある。哲学者プラトンにはソクラテスが、ヘレン・ケラーにはサリバン先生が、ヨシュアにはモーセが、ダビデにはサムエルが、エリシャにはエリヤというメンターがいたように、ワナメーカーの背後には、やはり彼を導いてくれた人生の師、ジョン・チェンバース牧師がいた。ワナメーカーを子どものころから見守ってきたチェンバース牧師は、彼の信仰の師であった。

ワナメーカーは、よく次のように言っていた。

「私の人生に一番大きな影響を与えた人はジョン・チェンバース牧師です。この先生は私の人生のモデルです」

彼は、チェンバース牧師の写真を自分の事務室の一番よく見えるところにかけ、生涯、チェンバース牧師に対する尊敬と感謝を忘れなかった。ワナメーカーが日曜学校を

◀ チェンバース牧師

最初に始めた時、その名前を「チェンバース宣教学校」としたことからも、どれほど影響を受けていたかが分かる。

チェンバース牧師は、フィラデルフィアのキリスト教界をリードした人物だった。アイルランドで生まれ、子どもの時にフィラデルフィア州に移民してきた長老派のクリスチャンで、容貌は背が高くがっしりとした肩、ぎょろっとした目つきで強い印象を漂わせていた。彼は、不義と妥協することのない改革運動家であり、自己節制と清貧、そして厳格な信仰生活習慣を若者たちにチャレンジする牧会者として知られていた。彼は若者たちのために、日曜の夕方の祈祷会と聖書勉強会を作り、この集いは第一独立教会の礼拝堂が若者たちで埋め尽くされるほど、あっという間に成長した。彼は若者たちを個人的に指導し、伝道の働きに、共に参加させるようにした。

当時十五歳だったワナメーカーも、好奇心から祈祷会に参加するようになった。この祈祷会で、ある時若い青年が前に出て、自分はクリスチャンになってそれほど時間はたっていないが、キリストにあって自分を新しく発見し、今では自分の夢を主と共にかなえていきたいと思っていると話した。ワナメーカーは彼の証しを聞いて多くの恵みとチャレンジを受け、祈祷会後、チェンバース牧師のところへ行って、こう告白した。

「チェンバース先生。今日ぼくは、神様にぼくの心と人生を全部ささげようと決心しました。生涯どんなことがあっても、神様のためにぼくの人生の全部をささげたいと思います。先生、ぼくの決心が揺らぐことのないように祈ってください！」

チェンバース牧師は、ワナメーカーの手を取って、喜んでこう祈った。

「神様。ジョンを覚えておられるでしょう。紅葉のような手で教会の庭の前の道に一枚一枚レンガを敷き始め、ついには、この建物が建てられるよう大人たちを動かした少年が、今、こんなに立派な姿に成長しました。今晩、神様に自分自身の人生をささげると決心したジョンを、どうぞお受けください。神様がジョンの一生を、ヨセフの繁栄で祝福してください」

チェンバース牧師は彼のために切に祈り、この日の決心は、ワナメーカーが死ぬ瞬間まで続いた繁栄の人生の始まりとなった。

ジョンの説教ノート

チェンバース牧師の説教は、具体的で実際的だった。隣人を愛することにけちなクリスチャンに大きなチャレンジを与え、聖書の言葉から離れた形式的なクリスチャンに対する叱責は、純粋で正義感に燃え、若者たちの心をつかんだ。

当時、大部分の人々は日曜日の礼拝を守ることに対する概念が弱く、日曜の午後にはパーティーを開いて思う存分酒を飲んで楽しむことが日常茶飯事だった。その上、多くの醸造業者が教会に出席して多額の献金をしていたため、禁酒の説教は牧会者にはタブー視されている説教の一つだった。

しかしチェンバース牧師は、このような複雑な背景に全くお構いなしに、どのような種類の酒も徹底して禁じ、日曜日には完全に神様のためだけに時間を取らなければならないと力強く説教したため、多くの関係者から恨みを買うこともあった。しかしワナメーカーは、チェンバース牧師を尊敬して従い、その説教を愛した。ワナメーカーが十五歳だった一八五二年、彼はチェンバース牧師の説教を聞いて、ノートに次のようにメモした。

【説教題目　クリスチャンの基本義務】

一．クリスチャンは、神への完全な服従を求められる。──まことのクリスチャンは、時間と才能が自分のものではないことを認める。

二．クリスチャンは、良い行いのため準備された人だ。──ほかの人々を主のもとに連れて行く機会を逃してはダメだ。

三．日曜日は主の日であり、このお方にだけ属する。──日曜日は、主のためだけに使うようにしなければならない。

四．酒は、サタンの一番強力な道具だ。──酒と戦い、勝たなければならない。

五．どんな人も救いを受けられない人はいない。──クリスチャンは残りの人々を助けるため、いつでも進む方向を変える準備ができていなければならない。


この時メモした「クリスチャンの基本義務」は、彼にとって生涯、信仰生活の信条となった。彼は十七歳の時から第一独立教会で日曜学校の補助教師の教会図書館職員として奉仕し始め、十九歳で正式に教師となり、子どもたちを教える先生になった。彼はチェンバース牧師と会い、自由に自分の働きや信仰について相談した。チェンバース牧師との対話は、青年ワナメーカーの心を熱い信仰の炎で燃やした。二十一歳の時、ワナメーカーがベタニヤ日曜学校を設立して第一独立教会から出た後も、チェンバース牧師との交流は変わることなく続いた。

ワナメーカーは、彼が創立したベタニヤ日曜学校に、自分の信仰のメンターであるチェンバース牧師を頻繁に招待し、助言や教訓に忠実に従った。ワナメーカーは、チェンバース牧師に感謝と尊敬を表すため、チェンバース牧師が世を去るとすぐに、「ジョン・チェンバース・メモリアル教会」を建て、神様に献堂した。

まだ学生のころ、ワナメーカーはメンターのチェンバース牧師に会い、その夢と人生の目標を信仰の中でしっかりと立てていった。彼はチェンバース牧師を霊的な師とし、美しい人生の価値観を立てる祝福を味わった。チェンバース牧師もまた、ワナメーカーの人生を通し、弟子を育てるという働きの報いで自分の人生を飾ることができた。

「たといあなたがたに、キリストにある養育係が一万人あろうとも、父は多くあるはずがありません。この私が福音によって、キリスト・イエスにあって、あなたがたを生んだのです。」（コリント人への手紙第一　四・一五）

05

日曜学校は私のビジネス

みすぼらしい建物から始まった日曜学校

子どものころ、日曜学校で夢を育て、聖書勉強をし、みことばによって信仰と希望を失わなかったワナメーカーは、青年になると日曜学校のために献身した。自分の精神的な力となった日曜学校で受けた恵みを、少しでも返したいと思うと同時に、目を輝かせる子どもたちに聖書のみことばと祈りを通して希望を与える働きは、自分の使命のように感じられたからだ。

最初は第一独立教会で日曜学校の教師をしていたが、もう少し体系的に子どもたちのためだけの空間を準備したいと考えるようになった。そのような考えが実を結んだのは、ＹＭＣＡで働きを始めた一八五八年二月七日、雪がたくさん降る日曜日の午後だった。

“もう一度試さないということは、しくじったり失敗したりすることよりも誤ったことだ。”
— ジョン・ワナメーカー

長い間準備した末、思いを同じくする何人かの人たちと共に、ついに日曜学校を開いたのだ。彼の協力者は、アメリカ地域日曜学校連合会のＦ・Ｈ・トレンド宣教師と、妹のメアリー、そして彼女の友だちのメアリー・ブラウン（二年後、彼の妻となる）だった。日曜学校の場所は、大きな所ではなかった。みすぼらしい商店街の片隅の建物の二階をやっとのことで借りて始めたのだ。しかし彼らは十分に満足し、感謝でいっぱいだった。こうして出発した日曜学校は公式名称を「チェンバース宣教学校」とし、一年後、新しい場所に移転して「ベタニヤ日曜学校」と名前を変えた。

ついに最初の日曜日が来た。参加した子どもたちは全部で二十七人だった。しかしその場所では、礼拝を一週間以上続けることはできなかった。やくざたちが自分たちの管轄地域に許可なく入ったと暴力をふるって建物を破損し、めちゃくちゃにしてしまったためだ。彼らはやくざとの乱闘を避けるために、その建物から抜け出なければならなかった。その時、彼はただの新米教師に過ぎなかったが、すぐに恐れを克服し、このようなことで日曜学校の働きを中断することはできないと固く誓った。何日間か建物を探し回り、ついに「二一三五」と番号がついているサウス・ストリートにある商店街の建物の二階に部屋を見つけることができた。一カ月五ドルの賃貸料を払うという条件で契約をし、一八五八年二月十四日、再び新しい決心と覚悟で日曜学校を始めた。

日曜学校の場所はみすぼらしい商店街の建物で、何の設備もない状態だった。講壇やマイクは言うまでもなく、イスや机もなかった。子どもたちの働きのために必要なピアノどころか、オルガンさえなかった。建物の主人は一階で靴屋

ワナメーカーが始めた小学校の初期の様子。焼けて捨てられた列車を ▲
臨時に用いた（ワナメーカーは日曜学校だけでなく、小学校も運営し、
その学校は今も現存している）。

をやっていたのだが、その店の倉庫に残してあった板材とレンガを買い取って、日曜学校を始めた。

ボルティモア地域へ行く汽車の汽笛の音が遠くに聞こえ、窓の外の風景は家が一軒もない荒涼とした野原だけだった。遠くに湖と沼地、廃墟になって打ち捨てられたレンガ工場がちらほらと見える。このように荒涼とした大都市の郊外であったこの場所は、時々やくざたちが遊び場として利用していた所だった。

この場所は、誰が見ても、自分から危険に飛び込むような無謀な出発だった。しかしワナメーカーの心の中に燃え上がる子どもたちへの愛と情熱は、誰にもひけをとらなかった。

増えてくる子どもたち

毎週、新しい子どもたちがやってきた。一カ月でその場所は子どもたちでいっぱいになり、横にある部屋をもう一つ借りなければならなかった。さらに一カ月とたたないうちにその場所も狭くなり、遅れて来た子どもたちは廊下や階段に座って礼拝をささげなければならない状況になった。子どもたちは増え続け、結局下の階に三番目の部屋を手に入れ、押し寄せる子どもたちのための教室として使った。五カ月がたつと、彼が借りた商店街の建物は子どもたちでひしめき合い、足を置くすき間もなかった。仕方なく主人は、その建物全体を使うように配慮した。それでも足りなくなり、とうとうその建物のそばにテントを建てて礼拝をささげるようになった。

これ以上、狭苦しい空間に我慢できなくなった日曜学校の生徒たちの父兄が、力を合わせてサウス・ストリートの端に停泊している古い船の帆とテントを使って、大きなテントの礼拝堂を作った。この礼拝堂は、五百人ぐらいが座って礼拝をささげることができる広い空間だった。その年の八月と九月には、この天幕礼拝堂の中で日曜学校の集いが行われた。

問題は寒い冬だった。冬が近づく前に、子どもたちが一緒に礼拝をささげられる空間が必要だった。そのため、サウス・ストリートの北側の地域に土地を買い、十月から教会の建物を建設する決定をした。彼らは十月十八日、教会の建物のための礎を築いた。

二十一歳の若い教師ワナメーカーにとって、これは一つの新しい挑戦であり、偉大な歴史の始まりでもあった。新しい建物を建てている間、寒い天候のためテントの礼拝堂ではこれ以上集うことができなくなった。そのためロンバード地域の公立学校を借り、新しい建物ができ上がるまでの一年間、そこを礼拝の場所として活用した。一年後、教会の建物を完工して引っ越しを済ませた一八五九年十一月の収穫感謝日に、ワナメーカーは教師と子どもたちに、次のように感謝のあいさつをした。

「私たちが収穫感謝祭に合わせ、新しい建物を建ててここに引っ越して来ることができたことは、すべて神様の大きな恵みと祝福です。何よりも感謝なことは、大切な子どもたちのいのちを、神様がベタニヤにたくさん送ってくださったことです。……二十七人の子どもたちと三人の教師で始まった日曜学校が、二百七十五人の子どもたちと十七人の先生を持つ、大きな組織に成長しました。しかしこのような成長も、私たちの夢をかなえるために出て行く働きの始まりにすぎません。これから十倍、いえ、それよりももっと大きな目標に向かって出て行かなければなりません。小さな成功に酔っていては、大きな働きをすることはできません。私たちは謙遜に神様にとどまっていなければならないのです」

ワナメーカーの日曜学校の成長報告はいつも肯定的で、すべての人に夢と希望を与えた。ベタニヤ日曜学校の働きは、ほかの教会の日曜学校の働きよりも、いつも一歩先を行っていた。

発想の転換から生まれたリバイバル

教会の建物ができ上がり、日曜学校は日曜日の午前、午後、そして夕方まで、礼拝やいろいろなプログラムを活発に行った。周辺の牧会者たちが説教をしようと名乗り出てくれ、その中には彼の恩師であるジョン・チェンバース牧師もいた。

彼は最初から伝統的なやり方の日曜学校よりも、新しいやり方の日曜学校を念頭に置いていた。彼はより良い方法は何かをいつも考え、アイデアマンとして子どもたちの目線に合わせた礼拝と賛美、聖書勉強などを行った。さらにさまざまな特別活動として、子どもたちが好み、喜んで参加できる日曜学校を作っていった。彼は組織を作るのがとても上手で、変化を恐れることなく改革家としてより良い日曜学校の伝統を建て上げるため、多くの伝統の中の良い部分を生かし、そうでないと考えられるものは思い切って捨てていった。

彼はまず、礼拝を変えてみることにした。伝統的な礼拝は、雰囲気が重く沈鬱で、一時間を超える礼拝時間に、子どもたちができるのはせいぜい賛美を一回歌い、じっと座った後、体をよじらせて出て行くことぐらいだった。しかしベタニヤ日曜学校の礼拝の形式は、すべての分野で子どもたちが直接参加するようになっていた。当時、教会で印刷物を見るのは難しい時代であったにもかかわらず、ワナメーカーは子どもたちの週報をきれいに作って配った。聖書のみことばも子どもたちと一緒に読み、説教も子どもたちの水準に合わせて分かりやすく面白くしようと努力した。昔ながらのスタイルのゆっくりとした単調で重たい讃美歌よりも、軽快で楽しい讃美歌を歌い、子どもたちが好きな現代風の讃美歌もたくさん歌った。敬虔な礼拝時間に軽い讃美歌を歌うのかと、大人たちが反対するたびに、彼はこのように説得した。

「この賛美が子どもたちを楽しくし、一生懸命信仰生活を送るようにしてくれるなら、そうではない場合よりずっといいことです。大人の目線で見るのではなく、子どもたちの目線で見てください！」

しかし彼は、賛美の中に間違った神学の原理や害を及ぼす雰囲気が含まれていると判断すると、綿密に検討した後歌わないこともあった。

オルガンも教会でタブー視されていた時代であったが、彼はコルネット（トランペットの一種）とバイオリンを礼拝時間に使い、一八六六年からはオーケストラを動員して礼拝をささげた。後にベタニヤ日曜学校は、音楽専門家たちが子どもたちの目線に合わせたワーシップを作って歌い、最高の音響施設まで持つようになった。

礼拝堂のイスは、丸い馬蹄型（U字型）に特別に製作し、学級別に座れるようにした。これは分級での学びの効果を高め、子どもたちが先生に集中することができるようにす

▲ベタニヤ日曜学校の内部全景。馬蹄型のイスが並んでいる。

るためのワナメーカーのアイデアだった。先生の席は馬蹄型のイスの真ん中にあり、子どもたちが皆、先生の方を向くようになっていて、教育効果は満点だった。分級がリバイバルして十人を超える場合には、新しい学級に分けるようにした。

こうして働きの晩年には、ベタニヤ日曜学校は千二百を超える分級（子どもの数は六千人を超えた）が行われ、教師の数だけでも補助教師と事務を含めると千五百人を超える日曜学校へと成長した。彼は日曜学校を運営するのに驚くほど多様な組織を作り、新しいプログラムを開発した。さらに子どもたちの状態を綿密に検討し、初級クラス、中級クラス、上級クラスに分けて管理した。

日曜学校が終わるとクラス別に欠席者と新来者を含めた出席報告書が部長に毎週提出された。これは、報告書に前年度の同時期の出席率も記録されてあり、比較検討に大きな助けとなった。教師たちは、その週が終わる前に、必ず欠席者と新来者を訪問しなければならなかった。これほど徹底するのは、ワナメーカーの日曜学校の哲学である、子ども一人の魂の重要性のためだった。

後にワナメーカーが郵政長官として在任中、ある記者がインタビューした内容が思い起こされる。

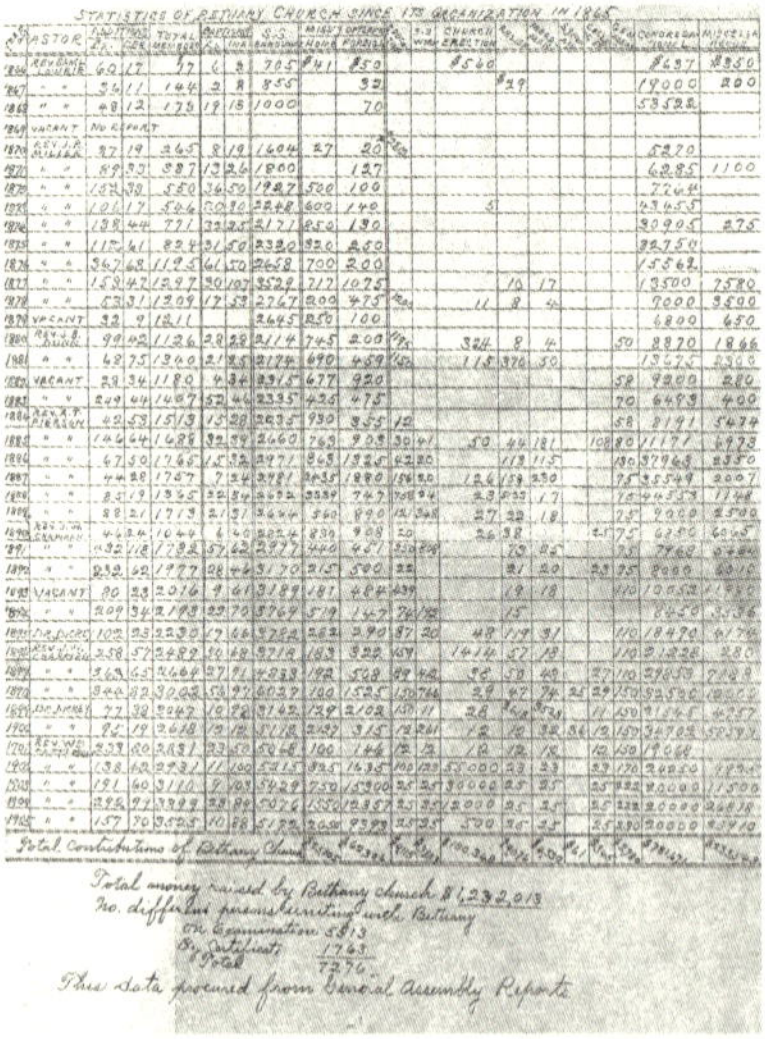

教会出席統計資料▲

「長官は大きな企業の会長としてビジネスをするだけでなく、国家に仕える者として目が回るほど忙しいと思うのですが、どうやって四千人もの日曜学校の子どもたちの面倒を見ることができるのですか」

するとワナメーカーは、すぐにこう答えた。

「私にとっては、日曜学校が一番大切なビジネスです。ほかのビジネスは日曜学校に比べたら、一つの仕事にすぎません。四十五年前、私は神様の約束をしっかりと信じました。『神の国とその義とをまず第一に求めなさい。そうすれば、それに加えて、これらのものはすべて与えられます』（マタイ六・三三）。このみことばが、私の献身の秘密です」

「あなたのしようとすることを主にゆだねよ。そうすれば、あなたの計画はゆるがない。」

（箴言一六・三）

ベタニヤ号の幸せな航海

今日、私は三千人の愛するお友だちに、心の底から湧いてくる喜びと感謝のあいさつをしたいと思います。三十一年の間、未来に向けてオールをこぎながらベタニヤ号に座っていました。

こう言っては何ですが、いつも最善を尽くすことはできませんでした。しかし私たちの王である主のおかげで、ベタニヤ号はずっとすばらしい航海をすることができました。この方の御手に導かれ、聖なる都、天の神様が下さる新しいエルサレムに向かって、ベタニヤ号とその一行は、今晩も幸せな航海を続けています。

昨年一年間も、いつも私たちの背後には順風が吹いていました。とてもすばらしい一年でした。普通、一年は五十二週ありますが、今年は一週多く与えられたのです。一年を通し、主日には多くの子どもたちが参加し、皆さんの部長である私は、五十二週の出席表に、気持ちの良い印をつけています。

ベタニヤ日曜学校は、以前よりも大きな成長を遂げています。

私たちはまた、「テントミッション学校」として知られている船を綱で引いています。この会員は九十五人、ですから合わせると全部で二千六百三人になります。これは私たちが今までやってきた中で最高です。しかしこれは、私たちができる最高ではなく、これから達成する最高でもありません。

ベタニヤ号は大変しっかりと造られています。船の目的は、祈りによってしっかり訓練され、信仰によって竹釘を深く打ち込みました。そして船は速度を増して進んでいます。

昨年、コイン（一セント）貯金の船を送り出し、今までに五万二千ドルを集めました。これ以外にも、多くの働きをしました。私たちは続けてこの航海をしていかなければなりません。私たちはこの船に乗り、しかめっつらをしていてはいけません。私たちを妨げるどんなカカシも、教会の門の前に建てられてはいません。私たちの教会は、誰も差別したり外に追い出したりしません。私たちの教会は皆さんを引き上げ、助ける場所です。ここは夜も昼も開いている、一日中安息を得ることができる場所なのです。

私たちベタニヤ日曜学校は、すべての人を幸せにする礼拝と喜びの賛美とすばらしい教師がいる教会学校です。子どもたちとお年寄りが共にここで休みたいと願うクリスマスツリーが、主日には毎週置かれています。ここには、どんなコウモリもフクロウも住むことはできません。ただ神様のヒバリだけが飛び交います。毎週日曜日ごとに、私たちは美しい歌で互いにセレナーデを歌うのです。

私たちのモットーは、互いに良い人生を生きるように祈り合うことです。そして、これは私たちみんながよく知っている、実際的なクリスチャンの精神です。愛するベタニヤ号は、もう一人のコロンブスでもあります。毎年この町の男性と女性の中に、新大陸を発見しようとするコロンブスなのです。彼らはここに新しいアメリカを建てる者たちです。これはこの国の栄誉となり、ついには高い所におられる神様の王国に入ることを許される皆さんを育て上げるのです。

聖地を目指す巡礼者が祭壇に着くと、旅をして汚れた服や帽子や靴を脱ぎ捨て、足や顔を洗い、きれいな服に着替えます。そして聖なる石の上にひざまずき、三度キスをします。

私たちは今日、過去のすべての悪い習慣を脱ぎ捨て、ここ神様の祭壇で共にひざまずき、神様が私たちを祝福してくださるよう求めましょう。そしてこれから来る新しい年に開かれた道を進み、さらに高い目的を持ち、新しくもう一度、力いっぱい出発しましょう。

皆さんのジョン・ワナメーカー

06

ＹＭＣＡと共に歩んだ六十五年

労働と教会奉仕

教会に仕えることに熱心だったワナメーカー。教会で信仰を育て、いつも聖書に親しんだ彼は、青年のための施設であるＹＭＣＡ（キリスト教青年会）の正式会員として誰よりも活発に活動した。

最初に彼がＹＭＣＡと関係を持つようになったのは、タワーホール洋服店で店員として働いていた十九歳の時だった。彼は昼休みに時間を作ってはジェニスホールで開かれている祈り会に参加していたが、その祈祷会は彼に力と慰めと平安を与えてくれた。毎日祈祷会に休むことなく出かけた彼は、店の仕事がおろそかになっていると言われないために、誰よりも早く出勤し、ほかの職員たちが退社した後も、遅くまで残って店の仕

“成功するための方法は、必ずしも知る必要はない。しなければならないことを一つしっかりと見つけ、それに全力を注げばいいのだ。”

— ジョン・ワナメーカー

事を片づけた。

六日間はタワーホール洋服店とＹＭＣＡの働き、主日は第一独立教会で教師として献身的に働き、一週間ずっと忙しかった。労働と教会奉仕、二つの仕事が彼の人生のすべてだったのだ。

そんなある日、タワーホール洋服店で働いていたワナメーカーは、とうとう血を吐いて倒れてしまった。彼はすぐに病院に運ばれ、担当医に「肺結核の初期なので、すぐに仕事を辞め、療養しなければ命が危険だ」と診断された。ベネット社長は彼の家庭環境をよく知っていたので、病院費用が入った封筒を差し出し、有給休暇を取ってはどうかと言った。しかしワナメーカーは「ありがとうございます。しかし働いた以上の代価を受け取りたくありません。貯金してあるお金が少しあるので、それで解決します」と言い、ベネット社長の提案を丁重に断った。

医者の忠告通り、ワナメーカーはすべての仕事を整理し、久しぶりに体と心の休暇を取った。シカゴとミネソタの静かでのんびりした場所に泊まって療養した彼は、その地域の山や川、渓谷や草原など、大自然に囲まれて過ごし、少しずつ健康を取り戻していった。また聖書を深く黙想し、神様への信仰と人生の限りない価値について大切な悟りを得た。療養期間にＹＭＣＡ祈祷会に送った手紙を見ると、彼がどれほど信仰に身を投じていたかがよく分かる。

私はだいぶ良くなりました。主が許してくださるなら、すぐにでも戻してくださるでしょう。そして回復した健康な体で、主の働きをするつもりです。主の謙遜で忠実なしもべになるためには、皆さんの祈りが何よりも必要です。

ジョン・ワナメーカー

幸いなことに、ワナメーカーの健康状態は好転し、それからしばらくして家に戻ることができた。しかし彼が戻った所は、タワーホール洋服店ではなかった。フィラデルフィ

ＹＭＣＡの総務として進路を変えたのだ。その転身は周囲の人々を驚かせた。さらに驚くべきことに、フィラデルフィアＹＭＣＡの代表であるジョージ・Ｈ・スミスが、沈滞していたＹＭＣＡ組織を活性化させるため、若くて有能なワナメーカーを、当時としては巨額の年俸である千ドルで迎え入れたのだ。ワナメーカーは、入社して最初の年が終わる前に、年俸千ドルの価値がある人だと認められた。

五十七人の会員から始まったＹＭＣＡの組織は、一年の間に二千人を超える会員を抱える組織に急成長し、小さなグループとして始まった祈祷会も、フィラデルフィアで一番大きな講堂を借りなければならないほどの大集会に発展したのだ。

ワナメーカーは情熱的にこの働きに身をささげ、リーダーとして訓練プログラムを開発し、団体を体系的に管理し、強要するのではなく、ほかのリーダーたちと共にチームワークを形作るというリーダーシップを見せた。彼はＹＭＣＡの目的通り「青年たちをイエス様に導くために、聖書をもとに信仰、精神の状態を改善する働き」にあらん限りの情熱を注いだ。彼は何よりも聖書を普及させる働きと、都市全体の聖書勉強会を開設する働きの先頭に立った。このため、彼は自ら教師たちを募集し、彼らをトレーニングする働きに尽力した。

当時フィラデルフィアは、産業化と都市化の影響により、仕事を求めて田舎から都市に出て来た若者たちであふれていた。そしてその深刻な副作用が社会病として現れ始めた時期だった。都市の腐敗と堕落した環境（酒、タバコ、麻薬、セックス）に誘惑され、さまよう若者たちが無数に増えていた。

多くの教会がこのような問題点を認識してはいたが、押し寄せる若者たちを導くには準備不足の状態で、若者たちも既存の教会で行われる宗教的な集まりにはそれほど魅力を感じていなかった。しかしワナメーカーの指導の下、ＹＭＣＡのリーダーたちは彼らを集め、信仰教育とさまざまな生活訓練プログラムを通して、彼らの人生を変化させた。ワナメーカーが展開した「禁酒禁煙誓約運動」には、数千人の若者たちが参加した。ワナメーカーはリンカーン大統領の写真と、リンカーンが記した酒とタバコの害悪を知らせるための言葉（酒とタバコは、社会を病に陥れるガンとして、社会を破壊しようと爪をといでいる。Ａ・リンカーン）が印刷されたチラシ、禁酒禁煙誓約書を作って若者たちに配り、禁酒禁煙運動に参加を呼びかけた。

ＹＭＣＡ代表になる

このようにして活発に活動した彼は、一八六一年、「オークホール洋服店」を創業し、新しいビジネスに専念するため、三年間勤めた総務の席を辞した。しかしフィラデルフィアＹＭＣＡ代表のジョージ・Ｈ・スチュワートの辞任に伴い、一八六九年以降、彼は続けてＹＭＣＡ代表の座を継ぎ、生涯、団体の責任者および後援者の任を努めながら、若者たちを導く働きに献身することになった。

彼はその年の夏、都市のさまざまな場所に三百以上もの集会を作り、既存の教会の礼拝との摩擦を避けるため、日曜日の朝と水曜の夜以外の時間に毎日ＹＭＣＡの集まりを行い、青年リバイバル運動を主導した。青年たちが群れをなして集まってくるようになると、ＹＭＣＡ会館を建てる必要性を痛感し、それからほどなくして当時としては最も壮大ですばらしい会館をフィラデルフィアに建設した。会館建設募金のために、有名なリバイバル伝道者であり、シカゴＹＭＣＡ会館の建設に貢献したＤ・Ｌ・ムーディが招待され、この時ワナメーカーは会館建設に必要な巨額の献金をささげた。

当時、フィラデルフィア地域には三万二千人の黒人が住んでいたが、黒人牧会者たちの要請で、彼は最初の黒人指導諮問委員の仕事を引き受け、黒人の牧会者たちと協力して、「ＹＭＣＡ黒人支部」も創立することになった。もちろん建物を購入するためにかかった費用も、黒人たちのために快く出した。

彼は一八七一年と一八七五年、ロンドンに渡ってＹＭＣＡの創設者であるジョージ・ウィリアムスに会い、彼との親交を通して大きな影響を受けた。一八九四年には、イギリスのロンドンで開かれたＹＭＣＡ五十周年記念行事にゲストスピーカーとして招かれてみことばを伝え、そこでビクトリア女王の招待を受けるという光栄もいただいた。

彼は若者たちを変える働きとして、時がたてばたつほどＹＭＣＡを強く信頼していった。フィラデルフィアで救世軍の建物を建てる際も、その団体が「福音の真理から外れた場合には、所有権をＹＭＣＡに移譲する」という文書を法的に明示したことをとって見ても、どのような団体よりもＹＭＣＡを信頼していたことが分かる。一九〇〇年十二月十日付けの手紙は、この事実をよく裏づけている。

私はこの四十年間、ＹＭＣＡにかかわり、注意深く観察してきたので、はっきりとこう言うことができる。ＹＭＣＡが若者たちに与えた多くの恵みや活動と、同じくらいのことを与えることができる団体は、ほかにないと思う。これまでＹＭＣＡはすべての面において徹底してオープンで合理的であり、都市のすべての若者たちの健全な生活の中心的役割を果たしてきた。案内役をするＹＭＣＡがなければ、これ以上の損失はないと私は信じている。

彼はＹＭＣＡの働きの重要性を認識し、この運動を広く普及させるため、この働きに深く関与し、できる限り多くの集いに参加し、時間的にも物質的にも貢献した。彼はアメリカのフィラデルフィアだけでなく、ソウル、東京、北京、モスクワ、そしてインドのマドラス、カルカッタなど、世界各国にＹＭＣＡ会館を建てる働きに、自らの事業を通して集めた巨額の金額を惜しまずに寄付した。一九二二年、当時ＹＭＣＡの総裁であったジョン・Ｒ・モットーは、ワナメーカーがロシア臨時政府のためにＹＭＣＡの建物を寄贈したという知らせを伝え聞き、興奮して周囲の人々にこう語った。

「ジョン・ワナメーカーが、先ほどロシア臨時政府に、また一つのＹＭＣＡの建物を寄贈しました。すでに彼が世界各国にＹＭＣＡを建てるためにささげた寄付金だけでも、二十万ドルを超える金額です」

ワナメーカーは十九歳でＹＭＣＡの会員になり、その後、一生をＹＭＣＡと共に過ごした。彼が六十年を超える長い間ＹＭＣＡに及ぼした影響は計り知れない。彼はＹＭＣＡを通して自分自身を主にささげ、若者たちに信仰と夢と希望を与え、ＹＭＣＡの建物を世界中に建てた。小さな集いに過ぎなかったＹＭＣＡを、世界的な団体へと引き上げたのだ。

「また、人の益を計り、良い行いに富み、惜しまずに施し、喜んで分け与えるように。」

（テモテへの手紙第一　六・一八）

ジョン・ワナメーカーが建てた ソウルＹＭＣＡ

韓国のＹＭＣＡは、一九〇三年十月二十八日、皇城《ファンソン》キリスト教青年会という名前で創立された。一八九九年、朝鮮の青年たちがＹＭＣＡ創立を願い、アンダーウッド宣教師とアペンジェラー宣教師が北アメリカＹＭＣＡ国際委員会に創設を要求した。これに対し、委員会は一九〇一年、ジレット宣教師を韓国に送り、ついに一九〇三年、福音のためのキリスト教信仰訓練、社会奉仕、共同体訓練を目的としたＹＭＣＡが誕生したのだ。

韓国ＹＭＣＡの年表には「一九〇八年、アメリカの実業家ジョン・ワナメーカーの巨額の寄付金により、鐘路《ジョンロ》二街九番地に約六百坪にもなる三階建ての現代風レンガ造りの会館を竣工するに至った」と記録してある。

◀鐘路２街の YMCA（1908 年）

約一〇〇年前、ワナメーカーの寄付により建てられたＹＭＣＡの建物は現代風で、大きさと美しさで世の人々の目を引いた。その建物に、多くの人材が集まり始めた。特にキム・ギュシク、ユン・チホ、イ・サンジェ、イ・スンフン、チョ・マンシクなど、民族の指導者たちがＹＭＣＡの働きに加わり、宣教の働き、禁酒禁煙運動、物産奨励運動、農村啓蒙運動、青少年運動、読書運動、夜学、障害者のための働きなど、社会啓蒙に力を注ぎ、何よりも民族の独立を成し遂げる産婆の役割を果たしたのだ。

当時のＹＭＣＡの状況についての資料を見ると、ＹＭＣＡの団体は設立されたものの、それから五年後には会館建設はおろか、毎年の運用資金一万ウォンを準備することもできず、活動をやめなければならないところまで差し迫った状況になっていた。このような困った状況が、宣教師を通じてワナメーカーに伝えられた。ワナメーカーは宣教師に、神様を信じていない朝鮮の地でリバイバルの炎が全国的に広がっており、今ＹＭＣＡ会館が朝鮮の地に建てられたなら、民族の福音化に大きな助けとなるだろうという肯定的な提案を聞かせた。ついに彼は貧しい国、朝鮮の地にＹＭＣＡ会館を建てて、その地が神様の国となるのを早めようと決心し、巨額の寄付金をささげたのだ。雄大で美しいＹＭＣＡ会館が建てられた後、ＹＭＣＡの働きは新しい活力を得て、この国の福音化と立ち遅れた地域の啓蒙運動に多大な貢献をした。

今日、ＹＭＣＡは世界一二二カ国に一万四千の組織と四千五百万人を超える会員を持つ世界最大の青年運動団体に発展し、韓国だけでも四十あまりのＹＭＣＡ（市青年会）と七百あまりの各種クラブが運営されている。現在使用されているソウルＹＭＣＡの建物は朝鮮動乱で全焼し、一九五八年に新築されたものである。

一度も顔を見たことのない民族のため、愛する理由が見つからない民族のために、血の汗を流して集めた巨額の財産を惜しむことなくささげたワナメーカーに、この国のクリスチャンたちは大きな愛の負債を負ったのだ。

John Wanamaker

2部

百貨店王 ジョン・ワナメーカー

ピンチをチャンスに変えたビジネスマン／ワナメーカーの独特な広告手段／百貨店王ワナメーカー／社員は大切な私の家族／ワナメーカー、成功の七つの習慣

07 ピンチをチャンスに変えたビジネスマン

オークホール洋服店の創業

ＹＭＣＡの働きと教会学校の教師として忙しい毎日を送っていたワナメーカーだったが、その合間に事業について考えることを怠りはしなかった。子どものころ、自分が将来の希望として選んだ「実業家」の夢をとどめておくことはできなかったのだ。店員として一生懸命働きながら、彼は起業のためのアイテムやマインドを徹底的に備え、事を進めていった。

そしてついに一八六一年、ワナメーカーはネイザン・ブラウン（妻メアリーの兄）と共に二千ドルずつ投資し、「ワナメーカー＆ブラウン・オークホール（Oak Hall）」という名の洋服店を創業した。実はその年は、新しい事業を始めるには良い年とは言えなかっ

“笑顔と笑いは時間やお金はかからないが、
事業を発展させる。”
— ジョン・ワナメーカー

た。リンカーン大統領が奴隷解放を叫び、国が南と北とに分けられ、戦争が始まりそうな気配が漂う緊迫した状態だったためだ。そのような状況の中で創業することは、それだけ危険を伴うことだと分かっていた。しかしワナメーカーは、長い間準備してきた事業をこれ以上遅らせたり、あきらめたりすることはできなかった。彼は計画通りに進めることに決め、フィラデルフィアのハイストリートに洋服店を開業した。その四日後、心配した通り南北戦争が始まった。誰が見てもワナメーカーの事業の先行きは暗く見えた。

しかし、そんな危機にも、まことの人物というのは頭角を現すものだ。ワナメーカーとネイザン・ブラウンは、へこたれることなく若いころから身につけてきた開拓精神と勤勉さ、節約精神を発揮した。また、新しい事業のアイデアを動員し、ピンチをチャンスへと変えていった。二人はぴったりと呼吸が合った理想的な同労者だった。ワナメーカーは先頭に立ってビジョンを示しながら引っぱっていくタイプのリーダーで、ネイザン・ブラウンは、後ろから用心深くしっかりと支える参謀タイプだった。ネイザンはワナメーカーに多大なる信頼を寄せていて、いつも彼を前に立たせ、彼が十分に働けるよう助けた。彼らは事業を始めた時から、利潤がどれほどであっても、最少の生活費を除いて、残りはすべて事業の拡張のために再投資しようと互いに同意していた。

オークホール洋服店は、六階建ての建物の一階部分に位置していた。売り場面積は約六十八坪ほどで、すべての年齢層の男性服を扱う衣料店だった。ニューヨークの大実業家A・T・スチュアートが、彼らに三十日間代金後払いで品物を供給してくれ、ほかの衣料業界からも既製服を購入して販売を始めた。彼がビジネスを始めたころの日記には、オークホール洋服店が扱った品目について細かく記録してある。

・ビジネスコート　六着　↓　二・五五（原価）／三・五〇（販売価格）
・春用オーバーコート　六着　↓　六・八二　／　八・〇〇

・黒の毛皮、羊毛　十二ケ　↓　一・四六　／　二・〇〇
・黒の南アメリカ産毛皮、羊毛　六ケ　↓　二・九一　／　四・〇〇
・厚手コットン服　十二着　↓　一・二八　／　一・七五
・大人用ズボン　六着　↓　四・三七　／　六・〇〇
・子ども用ズボン　二十四着　↓　二・五五　／　三・五〇

初日はお客さんがあまり来ず、売上は二十四ドル六十七セントだけだった。しかしその翌日からだんだんとお客さんが増え始め、事業の展望が比較的明るくなってきた。最初の週の会計記録を見ると、店の設備にかかった費用として三百六十五ドル、領収書の紙代として一ドル、服のサンプルとして一ドル五十セント、石けん代として二十五セント、広告代として二十四ドル八十六セント、夕食代として五十セント、裁断師R・ハグトンの週給として二十四ドル四セントが支出として計上されている。結局最初の週の営業は、収入よりも支出の方が多く、赤字となった。

しかし彼らは失望することはなかった。その次の週には、軍服と警備員のユニフォー

▼ジョン・ワナメーカー（左）とネイザン・ブラウン（右）が共同で創業したオークホール洋服店

ムを契約するという幸運に見舞われた。軍服を調達するために、さらに別の裁断師を雇用することにより、オークホール洋服店は製造業と小売り業とを同時に行う店として発展していった。

お客様は王

オークホール洋服店を創業したワナメーカーは、新しいビジネスを夢見て、それに関する原則を打ち立てた。その当時としては新しい概念であった「顧客の管理」を考え出したのだ。

「ビジネスマンは、顧客を王と考えて仕えなければならない」を大前提とし、すべてのビジネス原則を打ち立てたのだ。顧客を王と考えるためには、顧客が何を求めているかを研究する必要があった。そしてその研究の結果見いだした四つの重要な原

▲オークホール洋服店の広告ポスター

則を、新聞の紙面に広告として載せた。この原則は、生涯変わることがなかった。

〈ビジネスの四大原則〉

一．**定価販売**を行う

二．商品に**品質表示**をつけ、消費者が品質を知る権利の助けとする

三．必ず**現金取引**をする

四．購入者が願えば、いつでも**返品**、**交換**できる

当時、衣料品業界では商品に価格を表示しないのが一般的だった。商業倫理、特に流通取引は乱れに乱れていて、品物を買う人も売る人も、互いを信じることができなかった。店の主人は始めから高い価格をつけ、客はその価格を値切るためにかけひきをし、いざこざもよく起こった。商人は決まって客をだますと疑われたため、客は値段を安くしてくれなければ損をしたと思った。だから主人が言う値段の半額から値引き交渉を始めるのが普通だった。結局販売者と購買者、両方にとって、品物を売ったり買ったりするこ

とはとても大変で、楽しいことではなくなってしまった。

ワナメーカーは、このような弊害を見ていられず、誰でも全く同じ価格で互いに信頼して品物を購入することができる「定価販売制度」を導入した。さらに型破りなことは、購入した品物に満足いかなければ、お金を「百パーセント返金」するとしたことだった。ほかのビジネスマンの立場から見ると、このような政策は利潤追求とはあまりにもかけ離れた荒唐無稽な話だった。

当時は品物を一度買ったらそれで終わりで、品物を交換することなど想像もできなかった。そのような時代に、ワナメーカーの店でこのような新しい制度を試そうとすることは、一つのビジネス革命とも言えることだった。

多くの店の主人たちは彼の広告を見て、非現実的であり得ない誇大広告だとばかにし、あざ笑った。どんな店の主人も、彼の原則と行動を純粋に取り入れようとはしなかった。

しかし客たちは彼の新聞広告を見て好奇心にかられた。ワナメーカーの広告が事実かどうか確認したいという思いから、一人、また一人と、オークホール洋服店にやって来た。

そして広告が事実であることを確認すると、そこに訪れた客たちはもう一度ワナメーカーの店を訪れ、彼らの事業は速いスピードで成長を始めた。六十八坪の店は、建物の二階にまで広がった。初日に二十四ドル六十七セントだった収入は、その年が終わる前には二万四千ドルを軽々と超え、十年たつころには、一年の売上額が二百万ドルを超える事業として飛躍的な成長を遂げた。小さな商店が、四十三人のセールスマンと七十人の裁断師、そして二十人の店員を抱える大きな事業として躍進したのだった。

現代ビジネスの開拓者

ワナメーカーとネイザン・ブラウンの共同事業は、一八六八年、ネイザン・ブラウンが若くして世を去ることによって終わった。それからワナメーカーは一人でこの事業体を導いていかなければならない状況になった。彼は、二人が最初の七年間で共に成し遂げた成功を忘れないために、「ワナメーカー&ブラウン・オークホール」という商号を続けて使用した。そしてジョン・ワナメーカーという自分の名前だけを使うようになったのは、翌年の一八六九年、チェストナットストリートに、二番目の店をオープンしてからだった。この時から「ワナメーカー」という彼の名前が、多くの人たちに知られるようになった。

彼は「顧客は王である」と考え、多くのサービスと親切を提供するために努力した。顧客が品物を購入するしないにかかわらず、自由に品物を見て回れるよう配慮した。すぐに買う品物がなかったとしても、店に入ってくることが負担にならないよう、親切に対応した。そのようにした相手は、すぐに将来の顧客になると考えたのだ。加えて、すべての訪問客がよりリラックスできるように、店の中に待ち合わせ場所を作り、休憩できるスペースも用意した。ビジネスが成長すると、所持品を預ける保管所や電話機も設置し、自分の家のようにリラックスした感覚を味わうことができるサービスを次々に広げていった。

ジョン・ワナメーカー▲
商店広告ポスター

彼は、社員に次のような話をよくした。

「私たちは広告の通り、最高の親切とサービスを提供しなければなりません。お客様に品質を正確に伝え、あまり似合わない服を口車に乗せるようにして無理に販売してはいけません。もしそのような対応を受けたお客様が家に帰ったら、決まって不満を持つでしょうし、そのようなお客様は二度とこの店を訪問することはないでしょう」

事業を始めたころは、彼も社員が品物を売るのを助けるなど、スタッフと一緒に売り場で仕事をしたが、事業が拡大するにつれて売り場の仕事は販売員に任せるようになった。しかし彼は事あるごとに販売員のサービスを確認するために、売り場の門の前に立つ習慣を持った。

顧客が出口に向かってくると、彼は「ショッピングに満足がいったか」「販売員がお客様に親切にしてくれたか」「感謝の言葉と共に、もう一度お越しくださいと言ったか」をよく聞いた。もし顧客が「いいえ」と言ったなら、その販売員は「お客様を王として仕える教育」をもう一度受けてから、売り場の仕事をしなければならなかった。

このようにワナメーカーは、ビジネス倫理がまだ立てられていない不道徳な時代に、ビジネスの重要な原則を提示し、本人自ら、誠実さと忍耐をもってこのような原則を忠実に守り、新しいビジネスの時代を開いた。すべてのほかの分野の開拓者と同様、彼も最初は絶え間ないそしりを受けたが、次第に認められるようになり、ついには非合理な風土を根こそぎ変える役割を果たした。これこそまさに、私たちが彼を「現代ビジネスの開拓者」と呼ぶ理由だ。

「あなたの始めは小さくても、その終わりは、はなはだ大きくなる。」（ヨブ記八・七）

Story of Golf

ワナメーカーと
PGAゴルフの話

ＰＧＡ（プロゴルフ協会）は、ジョン・ワナメーカーが中心になって一九一六年一月十六日に結成された。ＰＧＡは、プロゴルフに対する関心と競技力を向上させ、プロゴルファーたちの福祉の向上を目的とするものであったが、ワナメーカーは伝説的なゴルファー、ウォルター・ヘーゲンを含む三十五名のゴルファーをニューヨーク市の自分の百貨店に近いホテルに招待し、共に昼食を食べながらＰＧＡのこれからの方向性について相談した。ワナメーカーは特に優勝トロフィーと大会賞金として総額二千五百八十ドルを出し、ＰＧＡの組織としての立ち上げに大きく貢献した。

ＰＧＡが結成された一九一六年、その年の最優秀プロゴルファーを選ぶゴルフ大会がニューヨーク州ブロクスビルのシワノイ・カントリークラブで開催された。最初の年の優勝はジェームズ・バーンズだった。その年の優勝賞金は五百ドルで、ワナ

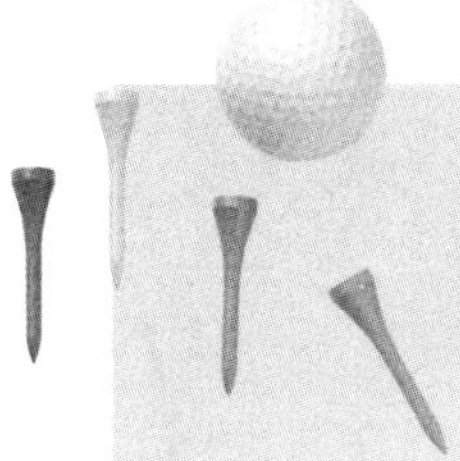

メーカー優勝トロフィーとあわせて授与された。

現在、アメリカのＰＧＡツアーは、目覚ましい発展を遂げた。五十余りの大会で二億三千万ドル（約百七十九億円）の賞金がかけられ、世界最大の市場として急浮上し、大会賞金だけでも六百万ドルを超える大会が五つもできた。

アメリカのフォーブス誌の集計によると、ゴルフの帝王と言われるタイガー・ウッズが一年間ゴルフで手にするお金は五千万ドル（賞金、スポンサー、広告収入）にもなるという。大会賞金二千五百八十ドルから出発したＰＧＡ賞金が、一つのメジャー大会だけで六百万ドルという巨額の賞金に変わったことをワナメーカーが知ったら、どんな反応をするだろうか。

08　ワナメーカーの独特な広告手段

ポスター広告とアドバルーン

ワナメーカーが事業を始めた一八〇〇年代は、まだ店に電気も引かれておらず、小さな小売業が主流のひどい時代だった。個人の店が事業を宣伝するために新聞や放送を利用して広告することなど、想像すら難しいことだった。しかしワナメーカーは、起業当初から広告の重要性を認識し、独特なアイデアと広告手法で事業を広げていった。

ある朝、フィラデルフィアの住民たちは「W＆B」と書かれた十五センチほどの正方形のポスターが、街のあちこちに貼られているのを見た。ほかの文字やヒントは全くなく、ただ「W＆B」とだけ書かれていた。当時の人々にとってポスターは初めて見る物

“真実を失う瞬間、その地位も知識もその人から離れていく。”

—— ジョン・ワナメーカー

なので、それだけで好奇心を刺激するのに十分だった。ポスターについてどうにも気になり、それは人々の話題に上って、街全体に広がっていった。そして数日後、街の人々は二番目のポスターを目にして、それが「ワナメーカー&ブラウン・オークホール洋服店」のオープンを知らせる広告ポスターだったことを知った。店の創業を知らせ、顧客の関心を引く広告効果として大成功を収めた。

開店初日、二十四ドル六十七セントの収益を上げたワナメーカーは翌日、おつりとして使うために六十七セントを金庫に入れ、収益金の全額を日刊新聞インクワイアラー紙（Inquirer）の広告に投資した。彼の広告手法はとても独特で新しく、非常に大きな広告効果をもたらした。

ある時、六メートルにもなる大型風船を自ら作り、広告のために使った。ワナメーカーと経営陣が会社の屋上に「アドバルーン」を作り、空高く浮かばせたのだ。遠い地域に住んでいる人々もアドバルーンを見て、見たことがない不思議な物だと思い、それを見るためにオークホールに集まった。いくつかの風船は、宣伝文句と共に屋上から飛ばした。

「風船を持っていらした方には、
紳士服一着を無料で差し上げます」

街全体が、風船を探そうとてんやわんやの大騒ぎになった。一つの風船は、ニュージャージー州の木が生い茂る沼地まで飛んでいったが、六カ月後、農夫たちによって発見された。泥がこびりついた風船が、沼地に隠れている大きな果物に間違えられ、警察まで出動する騒動になったのだ。この事件がニュースで報道され、広告効果は最大となり、相次いでほかの企業もアドバルーンイベントをまねするようになった。

ワナメーカーの広告に対する発想は、これだけではなかった。彼の頭の中には、ひっきりなしに奇抜で斬新な広報とイベントのアイデアが浮かんでいた。

ワナメーカーは、オークホール洋服店を始める時、高さが三十メートルに及ぶ立て看板を作り、汽車の駅や都市の重要な場所にそれを設置した。当然この看板は通り過ぎる人々の視線を集め、新しく始めた彼の事業を多くの人々に知らせる役割を果たした。このようにして百年も前に始まった大型看板広告は現在、アメリカ全域の商店街の建物や高速道路の周辺、さらには建物の屋上まで、すべての事業が一般的に使う広告戦略として定着した。

ビジネスの花、広告

ワナメーカーは、率直な広告で人々に近づき、製品の良い部分を知らせることさえできれば、その製品に触った人は必ずそれを購入すると確信していた。彼はそれまでの古い慣習に縛られることなく、創意的な方法ですべてのことを新しく見つめ、いつも肯定的な考え方をし、自分に与えられた機会を積極的に活用した。

ワナメーカーのアイデアは無尽蔵だった。当時、小さな店が考えもつかなかった、四ページの月刊誌『すべての人のジャーナル』を発刊したこともその一つだ。

彼はこの月刊誌を店を訪れた人々に配り、引き続き読みたいという人には郵送した。月刊誌の中には商品の広告だけではなく、すばらしいコラムや感動的な文章、イラストなど、いろいろな内容が掲載されていて、顧客たちに充実した内容や読み物を提供した。もちろん人々は大満足だった。

ワナメーカーにとって広告は、ビジネスの命にほかならなかった。だからこそ広告業界で有能だと認められた人材を雇用し、この分野にさらに拍車をかけた。彼は百貨店「グランドデポ（Grand Depot）」を開店する時、農夫たちにとって実用的な助けとなる『農業ジャーナル』も発行した。『農業ジャーナル』は、情報をほとんど得ることのできない田舎の農夫たちから大きな反応を得て、フィラデルフィア地域だけでなく、アメリカ全域の農夫たちが農業経済に目覚めるようになった。そして百三十年がたった現在も、愛読誌として残っている。

彼は企業と製品を宣伝する時、生き生きとした絵のような言語を用い、新しい用語で彼の考えを表現することを楽しんだ。当時、彼が作った造語は今、私たちが生きている時代にも続けて流行している。例えば、

「お客様は、王様だ！」

「現金販売」

「定価販売」

「返品交換保証」

これらの言葉は、現代を生きる私たちにとっても、よく耳にする大原則として守られ

THE FARM JOURNAL

Vol. 1.　PHILADELPHIA, MARCH, 1877.　No. 1.

NO. 728 SANSOM STREET,

Publisher to Reader.

Go West!

Strawberries—Essex Beauty.

Sheep on the Farm.

農業ジャーナル ▲

ている。

ワナメーカーの奇抜なアイデアは広告チラシにも発揮された。彼は五ドル紙幣の写しをチラシに書き、低価格でも服を一着買うことができるということを宣伝した。また、当時フィラデルフィアの上流層では、四輪馬車が流行していたのだが、ワナメーカーは馬車を借り、四頭ではなく六頭の馬が引く、遊覧型馬車に改造して、社員に最新の御者の服を着せ、馬車を引かせて街を行進させた。また、ヨットのシーズンが到来すると、社員にヨットの服装をさせ、ヨット模様の旗を作って通りを闊歩《かっぽ》させると、市民たちはそのしゃれっ気たっぷりな様子に魅了され、数百人がその後をついて行った。ラッパの音と共に行進する間、社員は広告チラシを配りながら販促活動をくり広げた。

新聞を使った企業イメージ広告

ワナメーカーの事業が急成長したのは当然の結果だった。広告戦略においても、販促においても、すべてにおいて積極的で新鮮だったためだ。しかしこれはまだ始まりに過ぎなかった。彼の新聞広告は、これよりさらに抜きん出ていた。宣伝文句は新鮮で洗練されており、美術専攻の学生たちでさえ、その広告をスクラップするほどだった。彼にとって新聞は、消費者と企業が一番早く会うことのできる場所であり、一番経済的で確実な広告効果を得ることのできる媒体だった。彼は新聞広告を通し、企業が利益よりも顧客のために存在しており、「いつも消費者の立場で、消費者が王」というイメージを続けて植えつけた。また製品価格は公正で、品物は信頼でき、顧客が満足できなければいつでも返品が可能で、お金も百パーセント返金すると強調した。

このように成長を重ね、ワナメーカーの事業は超大型洋服店「グランドデポ」をオープンすることになった。一八七六年、「アメリカ独立百周年記念博覧会」の始まりと時を同じくしてオープンしたグランドデポは、当時、売り場面積が二千四百坪にも及び、陳列された商品だけでも五十万ドルを超えた。彼はグランドデポのオープンを広告するため、たくさんのチラシを作った。彼はこの時も新聞に全面広告を掲載し、グランドデポのオープンを知らせた。新聞の全面に事業の広告が載るということは、新聞の歴史が始まって以来、初めての出来事だった。

グランドデポがオープンした日、人々は群れをなして集まってきた。その日だけで七万千百六人の客が集まり、黒山のような人だかりとなり、六百五十四人の社員は客をさばき切れずに冷や汗をかいた。重役陣も、足の踏み場がないほどあふれる客のために事故の危険性も考え、訪問客の数を制限するルールを検討するほどだった。次の日の新聞広告に、ミズーリ州から来た客の声が掲載された。

「グランドデポの売り場は、大草原を連想させる！　一番大きな大草原……。グランドデポは、アメリカ独立百周年の行事よりもさらに大きい」

彼は続けて企業イメージを宣伝するために、当時としては天文学的な数字である十万ドルを超える新聞広告の契約書にサインをした。しかし日曜日には、どのような広告もしないという特別な条件だった。その年、数十万ドルを超える広告費を支出しても、四千万ドルを超える収益があった。

一八六五年、フィラデルフィア地域の住所録には、すべてのページの上の部分にワナメーカーの店の広告がくり返し載せられていた。これは、読者がどのページを開いても目に入るように意図してやったことだった。一九一一年、ワナメーカーは世界で一番大きな百貨店を建設し、次のように広告した。

「フィラデルフィアに完成した『ワナメーカー百貨店』は、高さ七十六メートル、幅八十五メートル、長さは百六十四メートルです。三万トンの鋼鉄と二万四千トンの花崗岩でできています。百貨店の売り場空間だけでも五万四千坪。ここは、世界で一番大きな売り場です」

グランドデポ広告チラシ ▲

ワナメーカーが制作したクリスマスカードと、クリスマスキャロル音楽会のパンフレット▲

ワナメーカーはビジネスが成功し、店舗数が増えるにつれ、販売のための直接広告よりも、お客様のために仕え、奉仕するという企業のイメージ広告に力を入れた。彼は、実際に大きな金額の個人費用を投資し、いろいろな文化、芸術、教育行事を活発に支援した。音楽会、演劇公演、美術展示会、オルガン発表会、作文大会、作家のサイン会など、さまざまなイベントを自分の百貨店で開き、軍人の日やペンシルベニア州の日、スコットランド人の日、聖パトリックデー、子どもの日、母の日、作家たちの日などを記念して各種行事を開催し、顧客たちにプレゼントや食べ物を提供したりもした。このような行事は人々に企業の良いイメージを与え、百貨店はこの地域の住民たちにとって中心を占めるようになった。

ワナメーカーの広告哲学は、広告責任者に渡した次の小さなメモの中によく現れている。

あなたの一番大切な業務は、お客様を王として仕え、商品の本当の価値を発見し、一番シンプルで核心的な言葉でそれを伝えることです。品物をたくさん売ること以上に、ブランドの名声を高めることも重要だという事実を忘れないでください！

「知恵のある人は力強い。知識のある人は力を増す。あなたはすぐれた指揮のもとに戦いを交え、多くの助言者によって勝利を得る。」（箴言二四・五～六）

率直な広告の魅力

ワナメーカーが社員にいつも強調していたのは、「お客様に商品について説明する時は、ありのまま正直に話し、商品の価値だけをそのまま正しく伝えて販売しなさい」という、とても基本的なことだった。またワナメーカーは「良い品質と低価格」というクリエイティブなアイデアで、価格の安い品物に対する固定観念をひっくり返した。売り場の責任者たちは、誰よりもこんなワナメーカーの考えと原則をよく理解していた。

ある日、営業部の社員が広告責任者に、販売がふるわない男性ネクタイの広告のキャッチコピーを書いてくれと頼んだ。営業部の社員は、こうしたらどうかと提案した。

「一ドルはする格好いい最高級のネクタイを二十五セントで買いませんか！」

広告責任者は聞いた。

「そのネクタイは、あなたが見ても本当にそんなに格好いいネクタイだったんですか」

「いいえ。正直に言うと、それほど格好いいわけではありませんでした」

広告責任者は、笑いながら次のように書いた。

「二十五セントの破格セール！
一ドルはする最高級のネクタイ！
格好よさは、ちょっとだけ劣ります」

販売は急増し、数が足りなくなってネクタイを追加注文しなければならなかった。

ワナメーカーが百貨店で ▲
販売したネクタイ

09 百貨店王　ワナメーカー

商店の革命　「グランドデポ」百貨店

ビジョンの人、ワナメーカー！

彼が百貨店という新しい形態の店を企画するようになった過程をさかのぼって見てみると、非常に興味深い。

新しい事業を構想する中で、ある日彼はフィラデルフィアの都市全体を抱くビジネスの可能性を見た。彼が突然のように思いついたアイデアは、何年間も誰も使っていないペンシルベニア鉄道の貨物駅舎を買い取り、そこで事業を始めるということだった。貨物駅舎が都市の真ん中にあり、使い方によっては商業の中心として浮上することもできるという判断に至ったためだ。

たとえ小さな働きであっても、全力を尽くしてあたれ。成功に向かう道は、その人に与えられた働きの中にあるのだ。

――ジョン・ワナメーカー

◀百貨店を考案した若いころのワナメーカー

フランクリン科学協議会がアメリカ独立百周年記念祝祭の準備のために誰も使っていない貨物駅舎を使う以外には、誰も古びた貨物駅舎に関心を傾けはしなかった。しかしワナメーカーは、優れた洞察力で一八七五年十一月に五十万五千ドルという大金を支払い、貨物駅舎を買い取った。フィラデルフィアの真ん中に自分の事業体を建てるということは、考えただけで胸が高鳴ることだった。

このようにして建設されたグランドデポは、盛況のうちにオープン行事を行った。そして続けて顧客の心をつかみ、さらに発展していくためにどんな特別な措置を取ったらいいかという考えが直感的にひらめいた。彼が考え出した方法は「新しいスタイルの商店」だった。当時は男性用の衣料品だけを扱っていたが、女性用の衣料品も扱い、その他の商品もすべて販売する「百貨店」という新しい形態の流通体系を考案したのだ。

当時は、商店が一つの種類の商品だけを扱うのが普通の時代だった。靴屋、八百屋、帽子屋、洋服屋、宝石屋、薬局など、都市の大通り周辺に商店が一列に並び、小規模の商売をしていた。そのため人々は必要な品物を買うために、この店あの店と回りながら多くの時間を浪費しなければならなかった。人口が少なかったころは、ショッピングは昔からの友人に会って都市の最新ニュースに接することができる楽しい時間だった。しかし一八〇〇年代に八万人だったフィラデルフィアの人口が、一八七〇年代には六十万人に急成長したのに伴い、通りは人であふれ、ショッピングはとてもたくさんの時間とエネルギーを奪う、楽しめないものになってしまったのだ。

▲ グランドデポの建物。下は反対側から見た写真。

▲グランドデポの内部全景（1876 年）

実業家の気質を生まれながらにして持っていたワナメーカーは、このような状況を認識し、一つの場所ですべての必要な品物を買うことができる百貨店という形を構想した。百貨店は今日の私たちにはなじみのある存在だが、百年前の当時は、ビジネス世界にとって、これまでにない概念だった。

新形態の「百貨店」は、老若男女問わず、あらゆる階層の人々の必要をただ一回のショッピングで満足できるようにした。衣類、家具、子ども用品、農産物、工業製品、燃料、製菓、書籍、キャンディー、ひいては簡単な昼食を取れる簡易レストランまで、売り場の中にすべての種類の品物が網羅されていた。全世界から輸入された特別な商品が顧客の関心を引き、陳列場は芸術作品と言えるほど格好良く陳列された商品であふれ、印象的だった。グランドデポ百貨店が新聞のおなじみのメニューとして、日々人々の話題に上り、関心を引くようになったのは当然のことだった。

最高のサービス、驚くべき成長

オープンからわずか三年後の一八七九年、百貨店は四十六の部署と二千人の社員を抱える企業へと成長した。真ん中には顧客たちに迅速なサービスをすることができるような自動の運搬機を設置し、発明王トマス・エジソンの助けを受け、電気と換気施設も現代式のものを備え、百貨店に訪れる人々に最高のサービスを提供した。さらに一八八二年にはエレベーターを設置し、販売空間が大々的に広がるにつれ、売り上げは天にも届くほどになった。

一八八二年のクリスマスの翌日、ワナメーカー広告局はグランドデポの売り上げが二年で二倍に急成長し、グランドデポで働く社員だけでも三千二百九十二人だと発表した。彼は、すべての商品を備えているのが百貨店なのだから、自分が広告した通り、顧客を王として仕えるすべての準備が整っている印象を人々に与えるために最善の努力をした。

ある時、このようなことがあった。一人の顧客が品物を買いに来たのだが、ちょうどその品物が売り切れ、店員が謝りながら明日までに品物を準備しておくと話していた。この光景を見たワナメーカーは、その店員になぜ今日準備できないのかと聞いた。そして、良い店になるためにはこのように言わなければならないと教えた。

「お客様がご希望の物を、今すぐ準備するようにいたします」

顧客の数は引き続き増加し、一八八四年には五万人を超える人が毎日百貨店に出入りし、四千人ほどの社員がここで働いていた。郵便注文部署は、毎日千件以上の注文を受け、小包、または直接配達して品物を届けた。グランドデポは、今やアメリカで一番大きな小売店として成長した。シカゴにあるマーシャル・フィールド百貨店も、フィラデルフィアのワナメーカー百貨店とは比較にならなかった。

事業が見違えるほどに繁盛すると、売り場の建物も続けて広げざるを得なかった。マーケット、チェストナット、ジェニファーストリートに囲まれた建物を所有して、売り場面積だけで一万坪の規模に広げ、それまでグランドデポがあった場所に、新しく十二階建ての建物を建てた。さらにワナメーカーは一八九六年、ニューヨークにあるA・T・スチュワートの建物を購入した。そして生涯の友となったロバート・C・オグデンと信頼できる社員を送り、そこにワナメーカー百貨店を開店して三年間で軌道に乗せ、それからもさらなる成長を遂げていった。

世界最大の百貨店

一九〇六年には、グランドデポ百貨店がある通りの向かい側の土地を買い取り、十六階建ての「ジョン・ワナメーカー百貨店」という建物をさらにもう一つ建てた後、彼は市の許可を得て、道を隔てて向かい側にある二つの建物の上層部分を橋でつないで通路を作り、この橋の名前を「進歩の橋」と名づけた。また、建物の地下には顧客と社員、そして商品を運ぶことができる通路を作った。

この建物は売り場空間だけで五万四千坪で、当時世界最大だった。千五百人が座ることのできる講堂と、世界で一番大きなパイプオルガンを百貨店の中に設置し、広いレストランを備え、まさに世界最大の百貨店が完成したのだ。また、その年はワナメーカーがビジネスを始めて五十周年を迎える、意味のある年でもあった。彼のビジ

▼ニューヨークのワナメーカー百貨店

ネス五十周年と新しい百貨店の開店を祝し、一万三千人に及ぶフィラデルフィアの社員が、新しく完成したワナメーカー百貨店の中心広場に集まった。

五十周年行事のハイライトは、当時大統領であったウィリアム・ハワード・タフト（二十七代）が、新しい建物を献呈するためにワシントンから到着したことだった。大統領の訪問は当時、経済発展の一翼を担っていたワナメーカーを祝福し、激励するためのもので、大統領が自ら申し出て実現したことだった。

ワナメーカーと大統領が新しい百貨店の中心広場に入ると、三万人を超える祝い客は熱い歓声をあげた。フィラデルフィア市長のグドルフ・フランケンバーグ、州知事ジョン・K・ターナー、上院議員のボイス・ベンローズ、それ以外にもたくさんの著名人たちが

▲当時、世界最大のワナメーカー百貨店
(フィラデルフィア)

▲デパート内に設置された世界最大のパイプオルガン

クリスマスシーズンの中心
▼広場、内部装飾

集まり、その前でタフト大統領が献呈の演説をした。タフト大統領はワナメーカーが五十年間で成し遂げた百貨店における独自の発展に言及し、次のように言った。

「ワナメーカー会長は、百貨店の創始者として誰も考えもしなかったビジネスの原則を打ち立て、『お客様は王』として仕えました。……彼は今や、たくさんのお客様から愛を受け、百貨店王として高く立てられました」

ワナメーカーにとっては、とても名

誉ある光栄な瞬間だった。大統領が民間の企業の行事に参加し、祝辞を述べることはこれまでにないことだったからだ。彼は百貨店の創始者、百貨店王、商人の王として多くの人々からほめられたが、何よりも「ビジネスの開拓者」と呼ばれることを好んだ。

フィラデルフィアとニューヨークの百貨店は、ワナメーカーが生きている間、何と二十五万人を超える人々に仕事を提供し、当時のビジネス史上最高の売り上げを上げた。

「じょうずな仕事をする人を見たことがあるか。その人は王の前には立つが、身分の卑しい人の前には立たない。」（箴言二二・二九）

成功のための人生の六カ条

★次に紹介する手紙は、一九一一年、二十一回目の誕生日を迎える孫のジョンに、祖父であるジョン・ワナメーカーが七十四歳の時に書いたものだ。祖父として、そして人生の大先輩として、孫のジョンにこの世で成功するために一番重要なことは何かを教えている。私たちにも多くのことを教えてくれる手紙だ。

愛する孫のジョンへ

八月一日になったら、ジョン、お前はもう二十一歳になるのだなあ。お前がまぎれもない大人になっていることを、おじいちゃんは本当に信じられないよ。おじいちゃんと同じ名前を持つお前が歩む人生の歩みに、おじいちゃんは大きな関心がある。お前がこれから話す言葉や行動は、お前の人生に、そして周りの人々に幸せと喜びを与えることもできるが、反対にたくさんの失望と痛みを与えることもある。だからおじいちゃんが長い間の経験から学んだいくつかの教訓が、お前にとって大切なことだと思って聞いてほしい。

人生は走っていく汽車の線路と同じだ。だから私たちがそれぞれ、どんな道を行くべきなのか、そして正確にどこに立たなければならないかを慎重に決定しなければならない。多くの若者たちが、怠けたり、何もできないと言ったり、ぶらぶらしたり、非効率的でばかげた浪費、無気力を身近に置いて墜落していく。しかしお前は絶対に、もっとすばらしい人生の道を選択すると信じている。勤勉で誠実、高貴で有能、富と幸せと意味を兼ね備えた道だ。若い人の汽車は、荒々しく走ることができるような装備になっている。荒々しく走ると機械が故障したり、さらには私たちにとって一番大切な人々を殺したり、障害を負わせたりすることもある。

二十一歳になる若者たちは、自分で自分の人生の汽車を運転しなければならないものだ。運転席に座ってエンジンがさびつくまで眠っている人もいるだろうし、また人生の汽車がおもちゃだと錯覚して、もてあそんでダメにしてしまう人もいる。無知と不注意によって汽車の四十の車両のうちの一つを転覆させてしまうこともあり、最初の一、二マイルは上手に走ったが、時間がたつと中心を失って傾き、ついには周りの人たちを死に追いやったりして、信頼できない人という烙印を押されてしまったりする。

私は、お前が人生で成功するために六つの大切なことを教えようと思う。お前がこれを守ろうという確固たる意志があれば、正しい道を通ってお前の人生を安全に導く道案内となってくれると思う。

まずは、「勤勉」だ。勤勉とは、お前の目標を成し遂げるために、毎日たゆむことなく努力することを言う。たゆむことなくすることには、結局どんなことも勝つことはできないからね。

二番目は、「高貴である」ということだ。高貴であるということは、言葉や行動の真実さを通して得ることができる。正直さと愛を実践すれば自然とついてくるよ。

三番目は、「有能」だ。有能とは、自分の手の中のお金を浪費しなくても、すべての義務を迅速に行うことができ、聖書の言葉にあるように保証人となることなく、貸したり借りたりしない能力のことだ。

四番目は、「誉れある」ことだ。誉れあるということは、小さなことをおろそかにせず、大きなことも恐れず、品位に欠ける人とは交わらないということだ。また酒に溺れることはなく、お金を賭ける賭博には参加せず、女性をこの上なく大切に扱い、考えや言葉や行動に正直な姿を見せ、不義と妥協しない時に与えられるものだ。

五番目は「財」だ。財は、前に述べたことをよく実践すれば自然とついてくる。人生の偉大で大切なことはお金では買うことのできないものだからだ。主を畏れることが知恵の初めであり、主の命令をしっかりと守ることが大きな報いを得るという約束なんだ。「わたしは、わたしを尊ぶ者を尊ぶ」という聖書のみことばをしっかり覚えておくように。

六番目は「幸せ」だ。幸せは、すべての人が一番望んでいることだね。幸せは小さなことから始まる。そして遠くにあるのではなく、いつもお前のすぐそばにある。お前もお前の人生の線路から脱線してしまうことなくたゆまず進むなら、幸せはいつもお前と一緒にあるんだよ。

愛するジョン！

おじいちゃんはできる限り、いつもお前と一緒に、近くにいたいと思っている。ここに書いたことを生涯お前の心の板に刻み、人生を大切に生きるよう心から願う。

一九一一年七月二十六日

孫のジョンを愛する、おじいちゃんのジョン

10 社員は大切な私の家族

成功と富を社員と共に

ワナメーカーは時々、自分を「海を航海するデッキの上の船長」と描写した。

「私は五万人を超える船員たちを乗船させた船の船長として、休む間もなく風や波の起こる海を航海しているので、ほんの少しの間も祈りを休むことはできません」

彼はビジネスを始めた時から、スタッフのことを「家族」と呼ぶことを好んだ。だから一人でもスタッフとして入って来ると、ただの主人と従業員という縦の関係ではなく、家族の一員として接した。

“この世で一番甘いことは、誰かを楽しませてあげることだ。”

—— ジョン・ワナメーカー

「売り場で仕事をする人は、私の家族でなければ私のために誠意を尽くして仕事をしてくれる人は誰もいません。実業家は、月給のためだけに仕事をする人とは安定した事業を期待することはできません。ですから私は、まずスタッフを家族としなければなりません。そしてこれは、彼らとすべての恩恵を分け合う時にできることです」

彼はこの言葉通り、社員に仕える心を一度も忘れることはなかった。彼は自分の成功と富を社員と共に分け合うことを望み、彼らの成功が自分の成功で、彼らの失敗も自分の失敗だと考えた。彼は社員を平等に扱いながらも、能力のある人に対してはその人に見合った特別待遇をした。そのため事業の初期から大部分の実業家が想像すらできなかった年俸で衣料業界最高の裁断師、販売員、広告担当者を雇用した。スタッフの中には長官より多くの給料をもらっている人もおり、一度彼の会社に入社したら、生涯その社員であるのが普通だった。しかし単純に高い給料のためだけに会社にとどまっているのではなかった。家族的な会社の雰囲気が社員の心をつかみ、その雰囲気に慣れるとなかなかほかの職場に移ることはできなかった。マネージャーの半分以上が青少年のころから働き始め、その後も続けて働いているほどに離職率は低かった。

彼は一八九七年、企業家たちが集まる場で次のような演説をした。

「私たちの会社の月給表には、八千名以上の社員の名前が記録されています。彼らの給与は二百五十ドルから、年俸二万ドルまでさまざまです。私たちの会社は今まで十万人以上の社員を雇用してきました。しかし一度もストライキやストライキの脅しを受けたことはありません。私たちは社員を求人するのに一度も困ったことがありません。どれくらいの期間働いたか、そしてどれほどの能力をもって仕事をしたかによって月給が支給されています。私は私たちの企業が、大企業の中でも最も高い給与を支給していると確信しています」

社員福祉の草分け

その当時、一般的な店の社員は、劣悪な勤務環境と長時間労働に苦しみ、疲れ果てていた。ワナメーカーもやはり十四歳の時から働き始め、二十歳まで店の店員として仕事をしながら、重労働のために健康を害したことがあった。そのため、彼は事業を始めた時、営業時間を短縮しようと決心し、一八七六年七月十八日、グランドデポを開業した時、次のような発表をした。

「六カ月以上仕事をしたすべてのスタッフに有給休暇を施行します」

さらに彼は、企業主の間で論議されていた土曜日の午前勤務施行が、何の結論も出ずに滞っているので、自分の会社でだけでもこれを実践しようとした。そして一八八六年四月二十九日、次のような広告を出した。

「土曜日の午前のみの勤務は、働く人たちのために必ず行われなければなりません。七月四日以降、私たちの百貨店は土曜日の午後一時に門を閉めることにします」

このような宣言は、ビジネス業界全体に新鮮な衝撃を投げかけた。その後も、彼は徐々に勤務環境を改善していった。夏の間は土曜日の休みの他に、二週間の有給休暇を発表し、社員に次のように言った。

「皆さんに二週間の有給休暇をあげられるようになり、とてもうれしいです。このことだけでも、私は自分のビジネスが半分は成功したと思っています」

政府が第一次世界大戦の期間、燃料を節約するために企業家たちに協力を求めた時には、彼はさらに短い営業時間にしようと決心した。そして皆の先頭に立って百貨店の門を朝十時に開け、午後四時三十分に閉めると発表した。次の文章は、彼のスタッフであった一人が、ワナメーカーの営業時間の発表を聞いて送った手紙だ。

私は会長の百貨店が午前十時に門を開け、午後四時三十分に閉めるという発表を読みました。私はオークホール洋服店で働いている時、朝七時に出勤し、夜七時まで退社することができなかったのを覚えています。その次に会長が行ったことは、店の門を六時に閉めることでした。誰もこの長い勤務時間に対して不満を言ってはいませんでした。なぜならその当時、街の数千の店が夜十時に閉店していたからです。土曜日は夜十二時前に門を閉めなければならないという規則以外には、その当時どんな規則もビジネス界にありませんでした。ただ夜十時が閉店時間だという、一般的な理解があっただけです。奇跡が始まったのは、会長の百貨店でした。会長は勤務時間をどんどん短くし、土曜日は午前勤務に変えました。非の打ちどころのない休日制度も、会長が最初始める時まで、誰も想像もできないことでした。また会長は、午前八時三十分に店の門を開け、午後六時に閉め、その後、午後五時三十分、最近では午後五時に閉めるようになりました。私は今は年をとって引退しましたが、このような肯定的な変化を見て、数千数万の社員を代表し、感謝の心をお伝えしたいと思います。

休暇、大切な思い出

ワナメーカーは、スタッフたちが夏の間利用できるように、大西洋バーニガット湾のハイト島に休養地を買った。松林と海辺の新鮮な空気が健康に良いと考え、二万坪ほどの土地を買い、修養館を運営し始めた。ほとんどの社員は休暇を過ごした経験がなかったため、彼らにこのような福利厚生を提供することは、ワナメーカーにとってやりがいがあり、未来への投資でもあった。

一日の日程表に従って島の周辺を散歩したり、ボートに乗ったり、釣りや水泳やハイキング、それにジョギングをしたり、また野球やバスケットボール、陸上競技、ほかにも音楽会、晩餐など、いろいろな娯楽プログラムが行われていて、日曜日には皆が集まって礼拝をささげた。多くの社員にとって、休暇は忘れることのできない大切な思い出となった。一九一三年八月十四日、ハイト島を訪問したワナメーカーは、息子のロッドマンに次のような手紙を書いて送った。

私は、ここ、キャンプグラウンドの一本の木の下に座り、若い社員が楽しそうに運動している姿を見て楽しんでいる。フィラデルフィアの百五十人、ニューヨークの九十七人の社員が、ここで思いっきり楽しみ、休息を得る姿を見て、私の心も本当に軽くなったよ。

取り戻した故郷の家

事業が拡大するにつれ、社員の勤務環境も足並みをそろえるように改善されていき、福祉施設、福利厚生も広がっていった。彼は社員のための医療保険制度、教育機関の設立、スポーツセンターの建設、有給休暇制度の導入、労働時間の短縮、生命保険機関の設立など、画期的なことを率先して行った。それだけでなく、社員の健康を考えて百貨店の中に医務室を設置し、レストランのようにきれいに飾られた食堂でおいしい食事を提供した。社員は自分たちを家族のように考えているワナメーカーの心を、誰よりもよく分かっていた。だからこそいつも最善を尽くして仕事をした。その結果、最上のサービスと最高の収益を上げる百貨店を生み出すことができたのだ。

百貨店の五十周年記念式の日が近づいてくると、一万三千人を超える社員は、ワナメーカーに応える心で感謝の贈り物を渡そうと意見を募った。そして五十周年記念の日、サプライズイベントとして小さな封筒を一枚、ワナメーカーに渡した。ワナメーカーは、考えてもいなかった社員の愛情がつまった贈り物を受け取り、どうしたらよいか分からなかった。会場の中は少しの間しんとした。皆、ワナメーカーがその封筒を開けるのを息を殺して待っていた。彼が封筒を開けると、土地の権利証が出てきた。それはほかでもない、ワナメーカーが生まれた故郷の家の土地権利証だった。社員が、会長の子どものころの思い出がつまっている故郷の家を苦労して買ってプレゼントしたのだ。彼は感激のあまり、日に涙を浮かべて次のように言った。

「私は皆さんから愛の負債を本当にたくさん負いました。皆さんが私の家族だということが本当にうれしく、誇らしいです。私は皆さん一人一人を信じています。そして愛しています。私は、それぞれの家庭でとても大切な存在である皆さんが、ここで一人の社員として一生懸命働いてくださっていることをよく分かっていますから、なおのこと皆さんを信頼し、愛することしかできないのです」

彼はその席で感謝を表すため、引退した社員のための福祉施設として使うよう、三十万坪の土地を寄贈した。その福祉施設は「ハワード・S・レジデンス・ハウス」という名前で呼ばれ、多くの社員がここで老後を楽しんだ。また、社員が贈ってくれた自分の生まれた土地には、生涯、同志として苦楽を共にしたオークデンを記念するため「ロバート・C・オークデン病院」を設立し、社員だけでなくその家族や低所得層の人々まで利用できるようにした。

ワナメーカーの人生は、考えが実行へと移されていく人生であり、言葉よりも生活で実践した、目で見ることのできる美しい人生だった。彼は、顧客だけに王として仕えたのではなく、社員にもやはり王、いや、それよりももっと大切な家族として抱き寄せた偉大な人だった。

「正しい者の結ぶ実はいのちの木である。知恵のある者は人の心をとらえる。」

（箴言一一・三〇）

ワナメーカーが
一番初めにやったこと

1876年	バイヤーを海外の市場に送って見学させた。
1877年	パリとベルリンのファッションをアメリカに紹介した。
1878年	アメリカで電気を店に設置した。ビジネスと関連して子どもたちのための各種イベントを最初に行った。
1879年	新聞に全面広告を出した。電話を店に設置した。
1881年	新聞広告に毎日天気予報を載せた。
1882年	百貨店にエレベーターを設置した。
1887年	女性社員のために宿泊と食事を提供するホテル（ワールトン）を設立した。
1897年	社員のために図書館（マクドウェル）を建設した。
1900年	社員に2週間の有給休暇をあげた。
1903年	美術展示会を百貨店で開いた。
1904年	商品（糸巻きや髪飾りピンなど）の長さや数を記録した。
1905年	顧客のために24時間の電話サービスを始めた。
1908年	百貨店で産業大学を始めた。
1911年	世界で一番大きなオルガンを百貨店に設置した。
1912年	ニューヨークのワナメーカー送信所が、タイタニック号の遭難の知らせを最初に受信。
1913年	ワナメーカーによりフィラデルフィアに最初の小包が配達される。お客さんに小包を無料で配達した。
1915年	社員のため、百貨店の屋上にスポーツセンターを設置した。
1916年	アメリカPGA（プロゴルフ協会）を創立した。
1919年	社員のために総合福祉施設を設立した。
1920年	郵便局が切手なしで郵便物を送れるように許可した。

11 ワナメーカー、成功の七つの習慣

ＹＭＣＡの活動と日曜学校の奉仕に情熱を注いでも、自分の事業を決しておろそかにしなかった彼は、一日を一体どうやって過ごしていたのだろうか。そして彼のすばらしい人生の情熱と力は、どこから来たのだろうか。彼の人生の特徴のいくつかを文献や日記帳、さまざまな例話を通して推測し、整理してみた。

１．朝型人間

ワナメーカーは、子どものころから「朝型人間」だった。いや、厳密に言うと、「早朝型人間」に近かった。「早起きは三文の得」ということわざのように、彼は誰よりも早く起きるヒバリのような生活習慣のおかげで、人生のすばらしい実をたくさん刈り取った。

“成功は偶然やってくるものではなく、準備した人にやってくる。”
—— ジョン・ワナメーカー

彼は朝早く起き、美しい庭を散歩したり、新鮮な朝の風を切って家族と共に馬に乗って家の周辺や森の中を走るのを楽しんだ。早朝の時間は、鳥たちの歌声が聞こえ、りす、うさぎ、鹿が走るのんびりとした自然の中で、神様の創造の摂理を体で感じる時間だった。このように朝の散歩は、彼にとって忙しく疲れる一日を持ちこたえさせるのに十分なエネルギーと創造的な霊感を吹き込んでくれた。

彼が体と心の健康を維持しながらビジネスをすることができた秘訣は、やはりこのような朝型生活の習慣のおかげだった。彼は早朝に起きて、その日の計画を綿密に立て、人よりも三十分早く出勤し、一日を早く始めた。

2．肯定的な人生の態度

ワナメーカーの人生は、初めからそれほど順調だったわけではなかった。当時のフィラデルフィアのほかの少年たちに比べ、明るい未来を夢見ることができるような暮らし向きではなかった。彼の家庭環境は希望を抱くにはあまりに劣悪だった。しかし彼はどんなことにも肯定的で楽観的だった。彼の唇から出る言葉の中に、自分の人生に不満を言ったり人を批判したり、「私にはできない」という否定的な言葉を見つけることはできなかった。彼は、難しい家庭環境のゆえに多くの教育を受けることができず、父親が早く世を去ったために、若いうちから家長としての役割をしなければならなかったが、それを両親のせいにしたり、自分の環境を悲観したりはしなかった。

彼は、フィラデルフィア地域でベタニヤ日曜学校を始めた二十一歳の時も、その地域のならず者たちが「自分たちの縄張りに入って来て教会を建てるのか」とあらゆる脅迫や妨害工作をした時も、引き下がりはしなかった。建物を全部壊され、これ以上日曜学校ができなくなるという絶望的な状況でも、周りの人々が恐れ、落胆して「日曜学校を建てるのを延期しよう」と口をそろえても、彼は最後まであきらめなかった。そして一週間以内にほかの場所を見つけ、穴をあけることなく日曜学校を始めたのだ。その後もやくざの妨害と脅迫は続いたが、彼はさらに力強く立ち上がった。ついに妨害をしていた人たちは、彼の粘り強い闘志に屈し、日曜学校は驚異的なリバイバルの奇跡を成し遂げた。

ヨシュアとカレブの信仰と確信がカナンの地を勝ち取ったように、ワナメーカーの「できる」という肯定的な態度も、彼の地境を無限大に広げる種となったのだ。

3．節約して貯蓄する習慣

貧しい家庭環境だったため、体に染みついたワナメーカーの習慣は、何であれ節約してしっかりと貯蓄することだった。

「私が初めて一ドルを貯金した時、まるで億万長者になったようにうれしかったのです。子どものころ、それだけのお金を集めるということは簡単ではありませんでしたからね。そのころ私は、毎日稼いだお金を貯金して、絶対に貧しい生活はしまいと固く決心したのです」

彼は子どものころ、家と学校の間を往復する時、もし雨が降って道がぬかるんだら、靴を脱いで首にかけて裸足で行った。靴がダメになって履けなくなるかもしれないと心配したのだ。職場でお金を稼ぐようになると、昼食にサンドイッチかロールパンを買う以外には、ほかのお金は全部貯金した。

二十四歳でオークホール洋服店を開店した時も、その間こつこつと集めたお金で、借金せずに始め、経営初期から、自分はもちろん社員にまで厳しく節約精神を強調した。彼は荷物を束ねていたロープや広告チラシ、さらには使って余った包装紙や古新聞一枚までもリサイクルした。

紙一枚、一セント硬貨一つさえも大切にする節約精神に徹した彼であったが、助けが必要な人や、神の国のためには、巨額のお金を快く寄付することを知っている、懐の大きな人でもあった。彼は節約して集めたお金を社員の福利厚生、教会建築、ＹＭＣＡの後援、図書館建築などのための慈善事業に惜しむことなく寄付した。

4．読書する習慣

ワナメーカーは、時と場所を選ばずに本を読む、ものすごい読書家だった。学校教育が短かったために満足に受けることのできなかった知識を、読書を通して習得したと言っても過言ではなかった。彼は若いころ、週給二ドルの薄給の職員だった時から、いつも収入のうちの一部を本に投資した。このように本を読みながら多くの知識と霊感を得て、経済分野でも卓越した見識を持つことができた。二年しか学校で勉強できなかったが、知らないことがないほど博識で、すべてのことをぴったりと正確に判断する彼を見て、一人の若者が一体その秘訣は何なのかと聞いた。

するとワナメーカーはこう答えた。

「私は十五歳の時から一日二時間以上読書しようと決心したんだ。仕事をしていても、ちょっと時間ができれば本を読み、ほかの人を待っている間とか、旅行をする時もいつも本を手から離さなかった。朝早い時間には、だいたい聖書を読んで、午後には新聞か雑誌、文学小説、随筆、信仰書から詩集まで、手に取るままに読んだ。一日に二十分ずつでも、一年間こつこつと読めば、二十冊以上の本を読むことができるよ。君も一度やってみたらいい。すばらしい結果を得ることができるだろう」

彼は、朝起きるとすぐに、最初の三十分を聖書の黙想に投資し、その時に与えられたみことばの通りに、一日を生きようと努力した。このように子どものころから聖書を読むことが体にしみ込んでいた彼は、後に聖書を教える信徒として、神様の働きをするようになった。

彼の豊かなアイデアと創造的な思考力も、やはり幅広い読書の産物だった。彼は百貨店の社員と教会の信徒たちのために図書館を建設し、本を読むことを勧めた。彼にとって聖書以外に一番感動を与えた本は、ワグナー牧師の『シンプルライフ』（The Simple Life Charles Wagner,1901）で、セオドア・ルーズベルト大統領や周りの多くの人たちにプレゼントするほど彼の人生に大きな影響を与えた。このようなワナメーカーの生き方を見ても、深い読書が基本になっていたからこそ、一つの分野に秀でることができたことが分かる。

5．祈る習慣

ワナメーカーの祈りの習慣は、毎日朝と夕方に守ってきた彼の生涯の「聖なる習慣」だった。彼の祈りの生活は、母親の祈りのひざから始まった。青年のころ、ジョン・チェンバース牧師の教会とＹＭＣＡでの祈祷会に出席した。

一八九〇年に「ベタニヤ兄弟愛」を組織し、「祈りと奉仕」の規則を決め、毎日祈ることに父親たちと一緒に出席した。二十一歳と六十二歳の時に書いた日記帳には「短い祈祷文」がつまっているが、主に似ていきたいという切実な熱望と主に自分の人生をすべてささげたいという熱く燃える心の願いを感じることができる。

「愛する主よ！　私はイエス様のように生きたく、
イエス様のようになりたいと願います」　一八五八年

「天の父、イエス様、聖霊様！
主の前でひざまずき、

私の体と霊を、私の人生すべてを
神様に永遠にささげることを約束します」　一八九九年十二月十日、主日　午後

彼は、百貨店を建てる時、祈祷室を別に作ったが、外部へ音が漏れないように完全防音にした。彼は出勤するとまず祈祷室に入り、神様に会うことから百貨店の仕事を始めた。彼は祈りよりどんなことをも先にすることを願わなかった。

6．メモして整理する習慣

ワナメーカーは、いつもメモし、整理する習慣によって時間を無駄にせず効率的に前進する人だった。彼は瞬間的に思い浮かんだアイデアを忘れてしまわないように記録するため、小さな手帳をポケットの中にいつも持ち歩き、またベッドでも枕元にメモ用紙を置いていた。

若いころから彼は、自分の個人の日記と祈祷文、家族とのやりとりやビジネスに関連したすべての手紙や文書を日付別に抜けがないように、よく整理していた。彼がたくさ

んの仕事をしながらも、自分の仕事に余裕を持ってこなすことができたのも、徹底してメモし、整理する習慣のおかげだった。彼は教会や仕事にかかわる献金、税金、売り上げ、支出などの統計を記録する時も、正確な数字を記録し、正確な資料をもとに話をすることを好んだ。

彼は郵政長官のころにも、以前の資料がしっかり保管されておらず、参考にする記録がないことを残念に思った。そこで資料がきちんと整理され、永久的に保管されるよう予算を確保し、保管場所を作る仕事を押し進めた。

彼の努力のおかげで、今日まで郵便局の発展の歴史(切手、郵袋、ユニフォーム、記帳、写真、地図、書類など)がすっかり残されている。

彼が世を去って残した彼の個人的資料と文書だけで百箱を超えるのだから、彼のメモと整理の技術の前に、ただ脱帽するばかりだ。

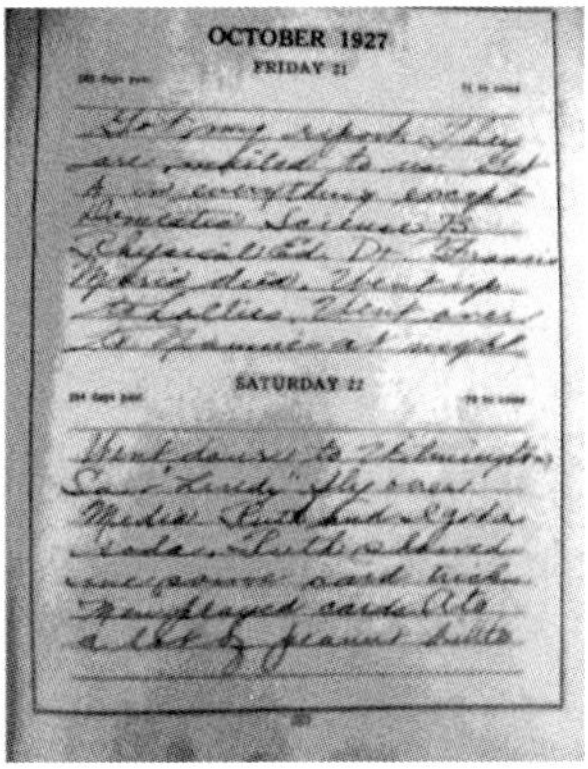

▲ワナメーカーのメモ帳

7. ほめて励ます習慣

人の心をつかむ秘訣の一つは、ほめることと励ますことだ。ほめて励ますことはエネルギーを充電させ、業務効率を倍加させ、夜通し仕事をしても疲れなくさせ、人の心に喜びと感動を抱かせる。このようにほめることは人を変える驚くべき力を持っている。ワナメーカーは、ほめることと励ますことを通し、人の心を動かすことを知っていた人だった。彼のほめて励ます習慣のため、彼の周りには人が集まった。


「よくやったね。君が最高だ！」

「ちょっとの間に背が伸びたね！」

「とても堂々として来ましたね……」

「君は聖書のことを本当によく知っているね！」

「君たちのクラスは、本当によく集中するね！」

「君は本当にほかの人によく配慮して尊重してあげるんだね！」

「君の歌声はウグイスよりきれいだよ！」

「君のほほ笑みは百万ドルだね！」

「君の考えは私の考えより、ずっとすごいね！」

「とってもすごいね。君は私たちの会社の宝だよ！」

「君のアイデアが私たちの会社を生かしたね！」

「先生は私たちにとって一番大切な方ですよ！」

「先生は子どもたちのモデルですね！」

「神様が先生の純粋な献身を喜んでおられるでしょう！」


ワナメーカーの温かいほめ言葉、激励の言葉は、彼の人生だけでなく周りの人の人生をも希望で染めた。

「これらの務めに心を砕き、しっかりやりなさい。そうすれば、あなたの進歩はすべての人に明らかになるでしょう。」（テモテへの手紙第一　四・一五）

私の人生の教科書、聖書

多くの人は、ワナメーカーの成功は彼のすばらしい人間関係、アイデア、緻密な計画、プログラム、イベントなどを導く能力のためだと簡単に結論づけてしまう。しかしそれは核心を逃した早急な判断だ。彼が息を引き取る瞬間まで叫んでいたメッセージは「聖書を愛する」ということだった。十歳の時に買った「赤い革の聖書」が自分の人生を作り上げたことを、彼はとてもよく知っていた。彼は八十四歳の時、日曜学校で次のような証しをした。

「私はこの七十五年間、日曜学校で生活してきました。日曜学校のおかげでたくさんの人たちからおほめの言葉を受け、また認められもしました。しかし私の人生を振り返ってみると、日曜学校から受けたことに比べると、まだ半分もお返しできていません。日曜学校は私の生涯の学校で、聖書は私の人生の教科書でした。私は日々聖書のみことばの糧を食べ、聖書と共に私の人生の一日を始めました。聖書を読んで、聖書を学び、聖書を教える時、私の人生は最も幸せで楽しかったのです。私は今日の朝、食事の前に霊の糧と

して伝道者の書を読みました。『若い男よ。若いうちに楽しめ。若い日にあなたの心を喜ばせよ。あなたの心のおもむくまま、あなたの目の望むままに歩め。しかし、これらすべての事において、あなたは神のさばきを受けることを知っておけ』（伝道者の書一一・九）。神様は皆さんお一人お一人を守っておられます。皆さんが人生で成功したいのであれば、聖書を読む習慣を大切にすることを願います」

　ワナメーカーの成功の秘訣は、世の人が探ることのなかった彼の人生の教科書、まさに聖書の中にあった。

3部

最高の信徒奉仕者

世界最大のベタニヤ日曜学校／ささげる心で建てられた姉妹教会／日曜日は主の日（主日）／子どもの魂の永遠の友／ひざで仕える祈りの人／「母の日」制定／生涯の同労者D・L・ムーディー／妻の力

12

世界最大のベタニヤ日曜学校

ベタニヤ日曜学校の驚異的な成長

ワナメーカーが二十一歳で始めた日曜学校の働きは、世を去る直前まで六十五年間変わることなく続けられた。彼の日曜学校とビジネスでの成功は、誰もまねることができない記録的なものだ。郵政長官として公式の役割を果たすようになってからも、絶対に日曜学校の教師としての働きをおろそかにすることはなかった。ワナメーカーのこのような献身と努力は、フィラデルフィアを訪れる多くの訪問客の観光コースとして百貨店グランドデポとベタニヤ教会が選ばれるほど、世の人の関心を集めた。訪問者たちは驚異的な成長を見せている日曜学校の若い部長であり、成功したビジネスマンであるワナメーカーに会おうと、日曜日になるとベタニヤ教会を訪れた。

“最善を尽くし、あとは神様にゆだねよ。
—ジョン・ワナメーカー”

▲ベタニヤ教会。ルカの福音書24章50節「それから、イエスは、彼らをベタニヤまで連れて行き、手を上げて祝福された」のみことばの上に建てられた。

人、教会、ビジネス、どれをとってもすべてたゆむことなく成長しなければならないと信じていた彼は、自分のビジネスと日曜学校の働きを通して立証した。一八五八年、二十七人という少ない人数で始まった日曜学校は、一年で二百七十五人に成長し、十年後には千人に迫る勢いだった。千人を超えてから五年後の一八七三年には、二千二百四十八人になった。その後も成長を続け、ワナメーカーが郵政長官を務めていた一八九二年になると、三千百七十人にまでなった。

統計資料を見ると、特筆すべきことがある。彼が郵政長官を務める前に、二千九百人で若干足踏みをした状態になったが、郵政長官を務めている間に五百人以上も日曜学校の生徒が増えたのだ。彼が平日にはワシントンにいなければならず、以前のように日曜学校の働きを活発にすることはできなかったにもかかわらずである。郵政長官という有名税と、ワシントンからフィラデルフィアまで子どもたちを教えるために週末ごとに往復するといううわさが、教会成長に肯定的に働いたものと思われる。

彼が郵政長官の任期を終えた後も、ベタニヤ日曜学校は飛躍的な発展を重ねた。一八九七年には四千八百三十三人になり、一八九八年の終わりには六千二十七人が出席する当時世界最大の日曜学校になった。

ワナメーカーは、ベタニヤ日曜学校が五千人を超えてからは、これ以上一つの教会として子どもたちを受け入れることができないと考え、姉妹教会の建設を進めるようになり、ベタニヤ教会と同じ目的と理念を持った姉妹教会が建てられることになった。彼は新しい姉妹教会が建てられるたびに、その地域に住んでいる父母と子どもたちには、そこで信仰生活をするよう勧めた。彼が世を去る直前には、姉妹教会を含めた全体の日曜学校の子どもの数は一万人をはるかに超えていた。壮年層の人数も子どもたちの数に比例して成長していたのは言うまでもない。

初心を忘れない人

ではどのようにしてワナメーカーはこのようなすばらしい働きを成し遂げることができたのか。

働きに対する情熱、創造的なアイデア、優れた組織運営、強い信仰、神様の驚くべき働きなどによっても、ワナメーカーの日曜学校の働きの成功を十分に説明することができる。しかしここで見逃してはならないのは、もう一つ重要な事実だ。それは、ワ

▲ ベタニヤ日曜学校の生徒と教師たち（1909 年）

ナメーカーがひたむきで熱心に、死ぬ瞬間まで初心を忘れず最善を尽くしたという点だ。大部分の人は、教会で一生懸命奉仕をしても、事業が成功し、社会的に有名になるといろいろな集いが増え、忙しさを言い訳に教会の働きをほかの人に任せ、教会に出席することさえもおろそかにしてしまいがちだ。しかしワナメーカーは正反対だった。むしろ彼は、事業で成功を重ね、社会的に有名になったということを、ベタニヤでの働きに十分活用した。

彼はできる限りすべての教会の集まりに参加した。二十歳の青年時代も、百貨店の会長として目が回るほど忙しい時も、八十歳代の老人になっても、問題を抱えている家庭を訪問し、人々を慰め、助けた。彼は、欠席した生徒や病気の生徒、体に障害がある生徒、痛みを抱えて落胆している遺族などを訪問する時には必ず花を買って行き、温かい言葉で慰め、励ました。彼は人々を訪問する働きを義務感からしていたのではなく、心から楽しいと思っていた。

一人の人を大切にする心

有名で忙しくなるにつれて、いつの間にか、信徒たちを個別ではなく群れ全体として接するようになるのを、彼は警戒していた。すべてのベタニヤの信徒たち、教会学校の子どもたちは、いつも彼にとって一人の親しい個人だった。最高齢の老人からお母さんの背中におんぶされている赤ん坊に至るまで、すべてが彼の親しい友だった。彼はただ子どもたちの名前を覚えるだけではなく、子どもたちの両親、おじいさん、おばあさんの名前までも一緒に覚えていた。そのおかげで彼はとても人気があった。名前は自然に覚えたのではなく、それだけの愛と関心を注いだ努力の結果だった。

ワナメーカーが六十回目の誕生日を迎えた日、彼の誕生日を祝うために多くの人々が集まったが、周囲の子どもたち一人一人の名前を心を込めて呼びかける姿を見て、前に座っていた友人が感嘆して言った。

「君は子どもたちの名前を覚える才能があるね！　一体子どもたちの名前をどれくらい覚えているんだい」

ワナメーカーは友人に笑いながらこう答えた。

「私は教会の四千人の子どもたちの名前を全部覚えているよ。もちろん子どもたちの両親の名前も、どんな仕事をしているかも知っているよ。私が子どもたちの名前を覚えるのは特別暗記力が良いわけではなく、子どもたちに対して関心があるからなんだ！」

▲ジョン・ワナメーカーとベタニヤ日曜学校の子どもたちの顔が掲載された印刷物

彼は、覚えなければならない子どもたちや大人の名前が連鎖的に増えていくにつれ、教会の住所録を作って持ち歩いた。そこに人々の服装や顔立ち、外見の特徴まで事細かにメモしながら名前を覚え、信徒一人一人に誠意をもって接するために不断の努力をした。彼は自分が信徒たちとの個人的な関係を止めると、ベタニヤのために使ったすべての苦労が全部無駄になるということを、誰よりもよく知っていた。だからこそ彼は最後の瞬間まで、ハードウェア（教会の組織と建物）ではなく、ソフトウェア（一人の人、子ども）を大切にしたのだ。

私の人生のすべて、ベタニヤ

彼はいい加減に仕事をすることを、本能的にとても嫌った。「最善だけが最大の効果を生む。一生懸命働かない人は、自分自身をだましていて、良い結果を得ることはできない」というのが彼の人生哲学だった。

彼は生涯を通じて土曜日の夕方の時間を日曜日の準備をする時間に充て、すべての先生たちにもこのようにしてほしいと頼んだ。彼は先生たちに「主の働きは世の事業よりも優先されなければならず、教師の職分を軽く考えると神様の祝福を受けることはできない」といつも強調した。そして、彼のこのような勧めはいつも力になった。彼は世を去る時が近づいて来た時、日記帳に次のように記した。

ベタニヤは私の人生の栄光だったのか、悲劇だったのか。……ベタニヤで送った歳月を回想してみると、私の人生はまことに幸せだった。若いころからベタニヤで仕えながら、私は人生の良い習慣を積み上げてきた。なぜ人は、六十五年のベタニヤでの奉仕を、人生の楽しみを放棄して単調に生きた犠牲だと考えるのか。私には彼らの考えが理解できない。私はいつもベタニヤのすべてが大好きだったし、そこでの私の人生は楽しかった。私はベタニヤから心配ではなく満足を、憂いではなく祝福を受け、味わったのだ。

ベタニヤは彼の言葉通り、彼の人生のすべてだった。世界のどんな人も、ワナメーカーのようにこんなに長い歳月をかけ、情熱を持って子どもたちを見ることはできないだろう。彼は子どもたちを愛していた。いや正確に言うと、子どもたち一人一人を尊敬していた。世界最大の日曜学校をつくる以前に、彼は六十五年という長い間、自分の役割をきちんと守った最高の教師であり、子どもたちの優しい父親であり、まことの友だちであった。そして世界最大のベタニヤ日曜学校は、子どもたちの目線に合わせて人生を生きてきたワナメーカーに、子どもたちが数字で応えてくれた祝福の贈り物だった。

「しかし、イエスは言われた。『子どもたちを許してやりなさい。邪魔をしないでわたしのところに来させなさい。天の御国はこのような者たちの国なのです。』」

（マタイの福音書一九・一四）

温かい慰めの手紙

★この手紙はジョン・ワナメーカーが七十三歳の時、彼の日曜学校の生徒であるジェニーが母親を亡くして悲しんでいることに心を痛め、直筆で書いて送った手紙だ。日曜学校の一人の魂を何よりも大切に思う彼の温かさがにじみ出ている。

愛するジェニー

君の人生の一番悲しい時である今、私も君と一緒に泣いている。

私が君を愛し、君のお母さんがどれほど素敵な人だったかをよく知っているから、君と一緒に苦しみを分かち合いたいと思うよ。私は君のお母さんが少し前に世を去り、神様のところに行かれたという知らせを聞いて、すぐに君のところに行こうとすべての忙しい日程を中断した。お母さんを見送る君をどんな言葉で慰めたらいいか分からない。君の悲しみを心から分かち合いたい。

私は君の鋭敏な感受性を知っている。君が愛する人とどれほど深い糸でつながっているかも知っている。一番大切な人が、私たちのそばを発って天国に行く時、私たちができることは、互いに近寄って愛する人々と痛みを分かち合い、温かい神様の御腕に頼ることができる助けになることだ。君のお母さんが生きておられる時、ここに残っている教会の友だちはみんな、とても幸せだったよ。私たちは腐ってなくなってしまう目を持っているから、遠くを見通すことはできないけれど、善であられる神様を信頼する人たちは、遠い先の日をはっきりと見て、すべてのことを悟ることができるようになるんだよ。ジェニー、私は君が望む時はいつでも君のそばにいる。そして愛するジェニーのためにこれからも祈るよ。

一九一〇年十一月三十日

ジョン・ワナメーカー

13 ささげる心で建てられた姉妹教会

感謝の地の上に建てられた教会

ベタニヤ教会は一八五八年に家賃五ドルを払って借りた小さな商店の建物から始まり、一年六カ月で自分たちの会堂を建設した。その後もベタニヤ教会は成長を続け、一八七四年には五千人を収容することのできる教会を建てた。これでも足りず、一九〇一年、ワナメーカーは自分が所有していたモーリスストリートの広い土地を教会に寄贈することで、一九〇二年十月二十六日、世界的な規模のベタニヤ教会が建てられた。

ワナメーカーが土地を寄贈し、教会を建てる決心をしたのには特別な理由があった。

フィラデルフィアの北部で大きな火事が発生したことがあった。その火事で商店街

“石けんは使えば使うほど溶けて無くなっていくものだが、汚れを落としてくれる。水に溶けない石けんは、決して良い石けんではない。社会のために自分自身を犠牲にしようとする心がなく、体だけ生きている人は、水に溶けない石けんと同じだ。”

— ジョン・ワナメーカー

の大部分が燃え、ワナメーカーの店まで火は近づいてきた。木造の彼の店に火が迫ってきた時、社員たちは店を守ろうと必死で水を運び、できる限りの努力をした。しかしとうとう、六階建てのクラーク・タワーは火災で全焼してしまい、十万ドルほどの損失を負うことになった。このような状況でも、ワナメーカーは、これ以上大きな被害が出ることなく事業を守ってくださった神様に感謝し、新しい教会堂を建てて献堂することを決心したのだ。彼はモーリスストリートに広い土地を所有しており、感謝献金としてこの土地を教会に寄贈した。こうしてついに、この地の上に新しいベタニヤ教会の建物が建てられることになった。

ワナメーカーの勇気ある指導の下、ベタニヤは続けて成長していった。多くの人々がベタニヤのビジョンに引かれて教会に集まってきた。しかし空間に制限があり、彼自身もこれ以

▲ ベタニヤ教会大礼拝堂

上、一般信徒の働き手として集まっている人々を見るには限界があった。彼は、二十世紀のモデル教会は、これ以上一つの地域にとどまるのではなく、もっと広い世界へ広がっていくと予見していた。

彼はベタニヤの精神を持つ新しい教会がもっと多くの地域に建てられなければならないという責任を感じ、できることならその働きのために自分の持っている物を使ってほしいと願った。そこで、その当時としてはとても独特な計画を立て始めた。それはほかでもない、ベタニヤの「姉妹教会」を建てるということだった。

姉妹教会開拓の始まり

このような彼の考えは突然生まれてきたものではない。ある時、自分が支援する宣教師を中国に訪問し、激励したことがあった。宣教師に案内されて田舎の村に入った彼は、高くそびえるようにして建てられている美しい教会の建物に目が止まった。そしてちょうど村の入口で一人の老人が一頭の牛と一人の若者にくびきを負わせて畑を歩いて行く姿が目に入った。ワナメーカーは不思議に思い、どうして人と牛が一緒に畑を行くのかと老人に聞いた。

老人は先の方に見える礼拝堂を建設する時、献金するお金がないので牛を一頭売って献金をしたので、牛の代わりに息子がくびきを引いているんだと答えた。ワナメーカーは老人の言葉に衝撃を受け、その場で感激して祈った。

「主よ！　どうぞこの私に苦難のくびきをかけ、主の教会を建てる働きをする時、この長者のように献身の楽しみを教えてください」

▲ ジョン・チェンバース・メモリアル教会

中国から戻ってきたワナメーカーは、教会を建てる働きに自分の財を惜しみなく献金し始めた。彼はベタニヤ教会を建てる働き以外にも多くの姉妹教会や、またほかの教会の建物を建てる働きに、自分の物を惜しげなくささげた。

最初の姉妹教会は、一九〇二年十月に、フィラデルフィアの南の地域に建てられた「ジョン・チェンバース・メモリアル教会」で、彼の信仰の師であるジョン・チェンバース牧師の名前をつけた。二番目の教会は一九〇六年二月にオープンした、ベタニヤ教会の西側地域の「ベタニヤ・テンプル教会」、三番目の教会はハーバータウン地域の「ベタニヤ連合教会」で一九一一年に建てられた。二番目に建てられたベタニヤ・テンプル教会は、ワナメーカーの所有地の馬屋の場所にまず設立され、一九〇六年九月までのわずか七カ月間で、六百人の日曜学校の生徒が登録した。それは、母教会のベタニヤ教会ほど大きく立派な教会で、地域の住民たちも質の良い、近くにできたこの教会を喜んで利用した。この教会はワナメーカーが世を去る前には、約三千人の信徒が出席するほど大きな教会に成長した。

三番目に建てられた「ベタニヤ連合教会」は、彼の娘のメアリーが父親の建てた古い教会を、一九四九年九月に新しく建て直して献堂し、父親であるワナメーカーの意志を継いだ。その教会の建物には、ワナメーカーと妻の記念館が現在でも残っており、大きな肖像画の下には次のような文字が刻まれている。

設立者ジョン・ワナメーカー（一八三八〜一九二二）の愛を覚えて
彼を通し多くの人がイエス様を信じるようになった

建築献金で建てた教会

ワナメーカーは姉妹教会でなくても、ほかの教会を建築することにも財政的な支援を惜しまなかった。助けが必要な教会であれば、いつでもオルガンやピアノ、イス、聖さん用具、聖歌隊のガウンなどを寄贈した。彼の助けを受けた多くの教会の中で、ボルチモアアベニューにある「パウロ教会」とジェンキンタウンにある「グレイス教会」は、彼の建築献金で建てられた教会である。

特にグレイス教会は、ワナメーカーの田舎の家のすぐ前の村であるジェンキンタウンに位置する教会だったので、彼の子どもたちが田舎に遊びに行くたびに出席した教会だった。

▲ ベタニヤ・テンプル教会

もともとその教会には、自分たちの会堂はなく、場所を借りて礼拝をしていた。このことを知ったワナメーカーは、すぐに教会の建物を建てることを提案し、教会の建設工事は順調に進んだ。そんな中、教会の建物の完成を数日後に控え、突然五歳になる娘のヘティーが世を去ってしまった。その瞬間からワナメーカー夫婦にとって、グレイス教会は愛する小さな娘の追憶の場所となった。一八七二年九月四日、ワナメーカーがグレイス教会に送った手紙を見ると、どれほどこの教会を愛していたかを感じることができる。

私に向かう神様の祝福と恵みが、私にジェンキンタウンにあるグレイス教会を建てることを決心させてくれました。そして愛する娘のヘティーの死も、私にさらにすばらしい教会の建物を建てるようにさせてくれました。私はこの教会をささげながら、信徒の皆さんがどんな負担も感じず、ただこの教会が主の福音だけを教え、伝えることに用いられるようお願いしたいと思います。……願わくは、新しい教会の建物が、約束の祝福を流すヤコブのはしごと同じように、祈りと賛美が絶えず上り下りする祝福の場所

となることをお祈りします。──ジョン・ワナメーカー

それから九十年後の一九六二年、グレイス教会はリバイバルし、さらに美しい教会を建て、教会の大きなガラスの窓にワナメーカーが日曜学校の生徒たちを教えるために説教台に立っている姿を刻み、彼に対する感謝の心を表した。

ワナメーカーは「教会を建築することに犠牲を払って献身しながらも、楽しみをもってそのくびきを引かせてください」と祈った通りに人生を生きた。ベタニヤ教会の献堂式でした彼の告白は、ワナメーカーの人生全体を治め、導かれる神様の摂理を胸の深くに感じることができる言葉だ。

「子どもの時献金するお金がなく、レンガを何枚かささげた私を神様は覚えていてくださり、このように美しい教会を建てることができるように物質的にも祝福してくださいました」

人々が私に、「さあ、主の家に行こう」と言ったとき、私は喜んだ。（詩篇一二二・一）

14 日曜日は主の日（主日）

神様との約束

ワナメーカーにとって、主日を必ず守ることは、揺るがすことのできない人生の原則だった。彼の生涯は、主日を待ち、主日のために準備し、主日礼拝を通して新しい力をいただく人生だった。主日には神様に会い、教会で奉仕をすること以外にはどんな約束もせず、生涯この原則を守った。

ハリソン大統領（二十三代）が彼を郵政長官に任命しようとした時も、「主日を必ず守ることを条件に長官職を引き受ける」と言ったことは有名だ。

一度、記者がその話を伝え聞いて、こんな質問を投げかけた。

「長官として国民や大統領に会う約束よりも主日に教会に出席することが重要だとおっ

“主日がない世界は、笑顔がない人、花のない夏、
絵画の一枚もない家と同じだ。”
— ジョン・ワナメーカー

しゃったのは、少し無責任ではありませんか」

するとワナメーカーは笑いながら言った。

「私が主日に神様に会うということは、もうずっと前から守ってきた神様との約束です。神様との約束をおろそかにしながら、どうして国民や大統領との約束を守ることができるでしょうか」

彼は、自分の言葉通り、主日を守るためにワシントンからフィラデルフィアまで遠い距離を旅し、四年間、一度も休むことなくベタニヤ教会に出席して神様との約束を守った。

ある時、こんなことがあった。アメリカ独立百五十周年博覧会の行事が計画されていた時のことだった。商務長官のハーバート・フーバーが、この行事に深くかかわっていたワナメーカーに会おうと、フィラデルフィアにやってきた。フーバー長官は

日程上、主日にワナメーカーに会い、行事全般について相談しようとしたが、ワナメーカーはすでに主日には会う方がいると丁重に断った。その方とはまさに神様だった。彼は本当に主日を守ることを人生の最優先順位に置いた人だった。

彼は主日は神様の日であり、神様にだけ栄光をささげなければならず、教会のために奉仕する以外にはどんなビジネスもすることは正しいことではないと考えた。そこで彼は、事業を始めたころから、主日にはすべての店舗の門を閉めた。彼は百貨店の掲示板に次のような文を貼り、社員にも守るように頼んだ。

【全社員にお知らせします】

1. 主日には、どんなに忙しい日でも、絶対に出勤しないでください。
2. 主日には神様を礼拝し、聖書を学んでください。
3. 教会に、少なくとも一年に五ドル以上の献金をしてください。
4. 主日にダンスホールや遊び場に行くのであれば、会社にその理由書を提出してください。

ワナメーカーにとって、主日は自分だけでなく、社員全員も「聖なる心で守らなければならない神様の日」だった。彼は百貨店の売り上げを上げるために主日にも開店しなければならないという社員たちの提案があるたびに、神様の日を世の財に変えることはしたくないと、一言のもとにはねつけた。

苦痛の時間

主日を守ることでワナメーカーが一番苦しんだ瞬間は、長男のトマスが主日を守らず、アメリカで一番歴史ある伝統的な日刊紙「ザ・ノースアメリカ」を買い取り、主日にも新聞を発行した時だった。ビジネスだけでなく、政治にも相当な見識を持っていたトマスは、父の保護の中にいるのではなく独立したかった。彼は父親からの独立を世に知らせることも兼ね、半ば自慢するように主日にも新聞を発行する計画を発表した。このことは、主日を守ることを命のように考えていた父ワナメーカーにとって、大きな当惑と悲しみになった。トマスは一九〇一年九月二日の土曜日の新聞の一面のコラムに、主日に新聞を発刊するという主旨を読者たちに説明した。

ザ・ノースアメリカ株式の所有主として、私はこの新聞の方向性を決め、新聞社の経営の責任を私一人が負う。私の父ジョン・ワナメーカーは、どんな権限も持っていない。……主日に新聞を発行することに対し、父の不承認、反対はわれわれ親子の道徳的見解の違いであり、私はこれを大変残念に思う。

息子トマスの心を変えることのできなかったワナメーカーはとても困惑し、息子の新聞社の株式を買い上げ、主日に新聞を封鎖しようとまでした。彼は「主日は人の日ではなく、主の日」だという自分の信念を説明するため、ザ・ノースアメリカ一面に、自分は主日に新聞を発行することも、また主日を破壊するどんな行為にも反対する立場を公表した。それにもかかわらず、トマスが主日に新聞を発行し続けると、ワナメーカーはベタニヤ教会に向い、四十年間という長い歳月の間、愛し献身した教会の長老という職

▶教会の長老たちと一緒に撮った写真。この中でジョン・ワナメーカーが最年少の長老だった。（左端に座っているのがワナメーカー）

分を果たす資格がないと言い、辞表を提出した。理由はテモテへの手紙第一の三章の聖書の言葉を根拠とし、「自分の息子を正しく指導できない長老は、職分を持つ資格がない」と言ったのだ。しかし教会指導者たちは、彼の長老職の辞表を受け取らなかった。

いっしょに集まるよう努める

フランシス・E・クラーク博士が主日にワナメーカーと過ごした時間を記録したものを読むと、彼が主の日をどれほど大切に思っていたか、十分に見当がつく。

ある時、ワナメーカーからベタニヤ教会で主日礼拝をささげ、礼拝後、一緒に残って交わりをしようと連絡を受けた。私は、ベタニヤ教会の主日がどれほど忙しいかを知っていたし、少なくとも四、五回の礼拝と定例の集まりに参席しなければならないだろうと推測した。しかしベタニヤでの一日は、私の礼拝経験の中で、驚異的な記録を達成した日だった。何と七回の礼拝をささげ、集会では短い説教をしたのだ。しかしワナメーカーはその主日に九回の集会と集まりに参加し、私の記録を抜いた。彼の家は教会からそれほど遠くないのだが、家まで戻る時間はないので昼食を教会で取ろうと私に頼むほどだった。

遅い午後の礼拝が終わった後、家に戻る道で彼がこう言った。

「今日、日曜学校の生徒の家を訪問しないといけないんです。二、三週間ずっと欠席している生徒なんですよ」

誰がこんなことを考えられるだろうか。こんなにも忙しい人が、数千匹の羊のうちの一匹の羊を、それほどに一生懸命探そうとしているのだ。私たちは貧しい村に行き、女の子の家を見つけて、家具がほとんどない寒々とした部屋に入った。彼は少女に、こんなに体の具合が悪いのにどうして連絡しなかったのかと尋ねた。

「先生が、とっても忙しいと思ったからです……」

私たちは板張りの床に膝をついた。そしてワナメーカーは、彼女と家族の名前を一人ずつ呼びながら、彼らを祝福してくださいと神様に祈った。

クラーク博士はその日、ずっと見ていたワナメーカーの日程も要約して記していた。

・午前9時30分　教会到着、十分間個人祈祷時間
・午前9時45分　教会学校、教師会議
・午前10時15分　教会学校児童部礼拝説教
・午前11時　大礼拝参加
・午前12時15分　礼拝に参加した信徒たちと握手
・午前12時30分　昼食
・午後2時　壮年聖書の学び教師会参席
・午後2時30分　教会学校児童部聖書読み聞かせ
・午後3時15分　壮年聖書の学びの導き

・午後4時25分　証しの集い参加
・午後6時　　　夕食
・午後7時30分　主日夕拝参加
・午後8時45分　礼拝に参加した人と握手
・午後9時　　　礼拝後の集い
・午後9時30分　帰宅

彼は毎週主日には朝九時半から夜九時半まで十二時間以上を教会で奉仕し、家族や周りの人々に休むように勧められるたびにこう言った。

「私は、神様の霊感によって記されたみことばの中で『いっしょに集まるよう努める』というみことばを守りたいのです。私の健康が許す限り、そしてこの地に生きている間は、主の日はベタニヤ教会で奉仕することを、私の人生の規則だと考えています。主日は、私の日ではなく主の日です。教会学校で教えることや教会で奉仕することは、私の最高の喜びであり、特権なのです」

「また、互いに勧め合って、愛と善行を促すように注意し合おうではありませんか。ある人々のように、いっしょに集まることをやめたりしないで、かえって励まし合い、かの日が近づいているのを見て、ますますそうしようではありませんか。」

（ヘブル人への手紙一〇・二四〜二五）

長官は副業、日曜学校の教師が本業

ある日、ワナメーカーがベンジャミン・ハリソン大統領から長官職を引き受けてくれと要請を受けた。

「あなたの優れた経営の才能を発揮して、郵政長官の職を引き受けてください」

ワナメーカーは一言で断った。

「私は主日を守ることと日曜学校の教師として奉仕することを何よりも大切に思っています。もし長官職を引き受けて、そのために主日を守ることができなかったり、教師としての働きができないようなら、お受けすることはできません」

ハリソン大統領は、主日を守ることと日曜学校の教師としての働きを続けてすることができるようにすると約束し、やっと彼は郵政長官の仕事を引き受けた。そして毎週土曜日になると、汽車に乗ってワシントンから故郷のフィラデルフィアに行き、主日を守って日曜学校の子どもたちを教えた。彼が郵政長官だった四年間、ベタニヤ教会に出席するために汽車で往

復した距離だけで二十万キロを超えるという。
ある時記者が「長官としての働きが、日曜学校の教師としての働きに劣るのか」と質問した時、彼はためらわずに次のように答えた。
「長官の仕事は何年かしたら終える副業ですが、日曜学校の教師は私が生涯ずっとしなければならない本業です」
ワナメーカーは、彼の言う本業である教師の仕事のために十九歳から生涯を終える八十五歳まで、何と六十七年間という歳月、休むことなく誠実に教師の職務を果たした。彼は、生徒たちの教師というだけではなく、教師たちの師としてもまことの手本となった。

15　子どもの魂の永遠の友

子どもたちへの格別な愛と関心は、子どもたちが神様のところに進み出るようになるという驚くべき変化を引き起こす。ワナメーカーは、その確信と信仰で日曜学校を導いていった。特に神様をまだ信じていない子どもたちの魂を生かそうとする熱心さと覚悟はすばらしかった。

次に紹介する文は、一八八八年にワナメーカーが彼の日曜学校のクラスの生徒のうち、ビリーという子どもに直筆で書いた手紙で、彼の伝道に対する情熱が生きている。

コピー機のなかったその時代、夜更けまでクラスの子どもたち一人一人に愛情のこもった手紙を書いていたワナメーカーの姿を想像してみよう。彼はその労苦が決して無駄に

“ 毎日一人でも誰かを助ける機会があるのは特権だ。 ”

— ジョン・ワナメーカー

はならないことを知っていて、喜びにあふれて書いたことだろう。

私の愛するビリー！

今、外は真っ白な雪が降っているよ。先生はさっき教会から帰ってきた。教会で牧師のみことばが終わった後、どうやってほかの人たちを神様の祝福の真ん中に導くかについてたくさん話し合ったんだ。そして私は愛する私のクラスのお友だちを頭の中に思い浮かべた。だからみんなに手紙を書こうと決心した。先生は私たちのクラスの一人一人を、救いを受けた魂だと考えてこの手紙を書いているよ。

愛するビリー！

もし君に救いの確信がなかったら、この冷たい雪の降りしきる街から、今晩、暖かい私の部屋に、いや、あわれみ深いイエス様のところに走っていくといい。もし君に救いの確信があるのなら、イエス様が十字架でされたことをへりくだって信頼し、救いを受けていないお友だちのことを考えてみることを願う。救いを受けていない人、永遠の暗やみに行かなければならない友だち、君の親しい友だち、君の親戚のことを考えてみてくれ。彼らのために君が何かを始められるのではないかな。

君が信仰と愛とで一人の魂をイエス様のところに連れて来る努力を始める時、聖霊の神様は努力している君と共におられるんだよ。なぜかというと、神様はすべての人が救われることを願っておられるからだ。そして主はその働きに参加しさえすれば、一番値打ちがないと思われる人までをも、大切に用いてくださるんだ。

私が今書いた文章を、もう一度読んでご覧！

ビリー、私は今この瞬間、君が伝道する特別な一人の魂を心に決めて、その人のために祈り、その魂を生かすために取り組んでほしいと思っている。そしてその友だちが主のところに戻って来るまであきらめないでほしい。君の助けは、神様にあるということを覚えておくといい。

神様はすばらしい考えを君の心の内に与えてくれ、伝道のすばらしい方法を教えてくれ、きっと必要な言葉も君の唇に置いてくださるよ。

神様は君が静かに待つ時や、祈る時、そして友だちに近づく時がいつなのかを教えてくれる。もし君が一人の魂をキリストのところに連れて来る喜びと楽しみを経験したら、君はきっと、もっとほかの魂も連れてくることを心から願う人になるだろう。

友だちと論争はせず、挫折を感じる必要もない。ただ忍耐し、最後まで優しく接すればいいんだ。君の心の中に、祈ることによって友だちの魂を抱き、君が行くすべての所で、良い言葉を流せばいいんだ。友だちを教会の集まりに誘い、聖書の学びを導き、あるいは牧師か日曜学校の教師のところに連れて行って少し話す時間を持つようにしたらいい。もし落胆するようなことがあったら、牧師や先生と一緒に祈って忍耐すればいいんだ。

君が伝道のために努力し、労苦する人は、今は死んでいく魂だという事実を忘れないように。もし私たちができるのなら、天から下りて来てでも伝道をしないといけないんだ。次の「主の招待するパーティー」の時、君の横の席に新しい友だちが一緒にいたら、君も私たちもみんなにとって、どれほど大きな喜びになるだろう。

もし君が、私と一緒に友だちに伝道したかったら、君が愛の労苦をしようと決めた友だちが誰か、先生に教えておくれ。先生が祈りの中で、君と君の友だちを覚えていられるようにね。そうしたら先生は、本当にうれしいよ。

君の手紙や訪問が、自分の時間をたくさん奪ってしまうと考えてはだめだよ。私たちの心臓は、時間がたったらだんだん固くなって冷たくなってしまうけど、天国は近づいているよ。神様がこの瞬間、ビリーとビリーの家族を祝福してくれるよう祈る。天国の望みで君を祝福してくれるよう願う。そして私たちと共に天国に行けるようになる友だちのためにも祈ろう。

一八八八年三月十二日　晩

ビリーの先生、ジョン・ワナメーカー

「私の口は一日中、あなたの義と、あなたの救いを語り告げましょう。私は、その全部を知ってはおりませんが。」（詩篇七一・一五）

トラブルメーカーの子どもの変化

ワナメーカーが日曜学校の部長として働いている時、彼はどんなことがあっても、行いが良くないという理由で生徒を追い出してはいけないという信念を持っていた。そこで彼は先生たちに「もし一人の生徒が正しく行動しないのは、家できちんとした家庭教育を受けられなかったことによるかもしれない。その子が学校から追い出されたら誰もその子の面倒を見てあげないだろう。教会があきらめてしまうということはできない」とよく言っていた。しかし彼の信念はある日、実験台の上に乗ることになった。

日曜学校に、ジョンというトラブルメーカーの男の子がいた。どれほど扱いが難しい子どもだったかというと、先生がみんな手を焼いて、「教会の外に追い出すことが教会のリバイバルの助けになる」と主張するほどだった。先生たちは誰もがジョンに対する教育をあきらめ、自分のクラスに受け入れようとはしなかった。むしろ先生たちのほとんどが、ほかの子どもたちのためにジョンが教会から追い出されることを願っていた。ワナメーカーも、今度ばかりは先生たちを説得する方法がないようだった。その時、一人の女性

が、ジョンを引き受けると志願した。するとワナメーカーは次のように言った。

「今までに若い男性教師たちも何度も試してみたけれど、みんなあきらめましたよ。女性のあなたがそんな荒っぽい子どもを引き受けることができるのですか」

しかしその先生はなおも切実に頼むので、仕方なくワナメーカーも同意した。結局、ジョンはその先生のクラスに編入した。

その先生の献身的な愛にもかかわらず、ジョンは前と変わらずトラブルばかり引き起こした。ある時、先生がほかのクラスの子どもたちとけんかをしているジョンを目撃した。するとジョンは先生にひどい侮辱の言葉を浴びせ、彼女の顔につばを吐いた。そのような状況でも、彼女は落ち着いて顔を拭った後、ジョンにこう言った。

「ジョン。私の家に遊びに来てよ。あなたにあげたいプレゼントがあるの」

ジョンは、自分の度重なる無礼な行動にもかかわらず、いつもほほ笑んで受け入れてくれる先生に、少しずつ申し訳ないという気持ちを抱くようになった。翌日、ジョンは先生の家を訪ねて行って、先生から格好いいチョッキと靴下、そして手紙をプレゼントされた。手紙にはこのような内容の文章が書いてあった。

「ジョン。先生はあなたを愛しています。絶対私たちのクラスから出て行ったりしないでね。先生はジョンが変わって、新しい人になれるようにと、毎日神様にお祈りしています」

あくる日、先生の家の前に一人の少年がやって来て泣いていた。ジョンだった。ジョンは先生にこう告白した。

「ぼくは先生のプレゼントをもらって、手紙を読んだ後、これまで先生に本当にたくさんの悪いことをしたって思ったんです。昨日の夜、ぼくは自分の間違った行動をたくさん後悔しました。先生がぼくを赦してくれるなら、これからはいい生徒になれるよう努力します」

教師のあきらめることのない愛と祈りが、一人の子どもをひざまずかせ、

新しい人に変えたのだ。

16 ひざで仕える祈りの人

偉大で大胆な祈り

聖書が私たちの人生を照らし、導くともしびなら、祈りは神様との対話であり、自分の告白と希望を詰める道具だ。神様を愛し、生涯を通して神様の言葉を握って生きたワナメーカーは、主の前にひざまずいて祈る生活もまた、怠けることはなかった。

ベタニヤ教会の担任牧師であるゴードン・マクレナン牧師は、ワナメーカーの祈りの文を集め、『祈り選集』という三巻の本を出版した。彼は本の序文で、ワナメーカーの祈りの生活を次のように明かしている。

“祈りとは神様の手を握ることだ。
——ジョン・ワナメーカー”

どんな場所でも、祈りほど本当の自分を出せるところはない。一人の人の一生とその人の祈りは一致する。偉大で大胆な人生は、偉大で大胆な祈りを生み、みすぼらしい貧弱な人生は、みすぼらしく貧弱な祈りを生む。人は神様の前に出る時、友だちの視線から内面を隠すために着ていた衣をすべて脱ぎ捨てることができる。これは私たちが神様の視線の前にすべてのことが明らかになるという事実を無意識に認識しているからだ。この本に詰められた祈りの文には、ワナメーカーの魂の気高さ、寛大な精神、人間の必要に対する完璧な理解、そして子どものような純粋な信仰がよく表されている。彼はまことの祈りの人だった。そして彼は祈りの場所を大切にした。彼は「あなたの立っている場所は聖なる地である。あなたの足のはきものを脱げ」というみことばのように、いつも大きな畏れと深い謙遜で、恵みの御座の前に進み出て靴を脱いだ。

彼は、何と六十五年の間、二カ月を除いて、日曜学校の部長の職分を休むことはなかった。毎日曜、ほかの地域に行ったり病気でない限り、いつも日曜学校の働きを守った。そして祈りで日曜学校を導いた。彼はとても忙しい人だった。しかし教会や日曜学校と関係のある礼拝だけで奉仕が終わるわけではなかった。彼はいつも信徒たちが苦しんでいたり病気だったり、あるいは葬儀があれば必ず時間を作って慰めの言葉をかけた。心が傷ついた人たちを恵みの御座に導き、助けが必要な人が、助けとなる神様を見つけることができるように導いた。彼の祈りは、彼が神様を知っているということを、とてもよく表している。

ワナメーカーの祈りの言葉

では、ワナメーカーの祈りを直接聞いてみよう。『祈り選集』に載っている祈りの文の中から、二つの祈りの言葉を抜粋した。礼拝の時にささげる彼の祈りは、今日を生きる私たちにとっても、心を熱くしてくれる祈りに違いない。

主を賛美します

限りない愛とあわれみの天の父なる神様、
私たちすべての救い主であられる主よ。

渇き切った地を潤してくださるように、
私たちの渇いた体と霊を、聖霊の雨で満たしてくださる主を賛美します。
日々、健やかな眠りを下さり、新しい力を与えてくださる主を賛美します。
主日に礼拝することで、主日一日の働きを
十分にやり遂げる力を下さる主を賛美します。

聖書のみことばで私たちの人生を明るく照らしてくださる
主を賛美します。
私たちに人生の手本になる聖書の中の人物を与えてくださった

主を賛美します。

主の命令によって建てられた教会のために、主を賛美します。
私たちの罪のために神様と別れてしまった隙間をつないでくださる神様のひとり子、イエス・キリストの十字架のために、主を賛美します。

神様が私たちの父となってくださったことを賛美します。
聖霊様が私たちのカウンセラーであり、師となってくださったことを賛美します。
神様の息子、処女より生まれた方、驚くべき主によって、賛美します。

お父さんである神様と同一であられる主が私たちの内で働いてくださり、
私たちの中にある自己中心の心と戦って勝利してくださり、
主の体となった教会を愛することができるようにしてくださり、
さまよっていたあわれな魂を愛し、かわいそうに思うことができるよう助けてくださり、主を賛美します。
願わくば、私たちを皆、お父さんの姿に新しく造り変えてください。
イエス様のお名前によってお祈りをささげます。アーメン

私たちの助けとなられる神様

愛する主よ。
私たちは今日、主の教会で主の恵みを力とし、安らかに休んでいます。
私たちは過ぎた一週間、世のことに歩調を合わせ
罪悪に親しみましたが、主の前に出て来ました。

目に悔い改めの涙がある人たちに
新しい光を見せてくださり、
神様から遠く離れたと感じている人が
主のそばに出て行く祝福をお許しください。

この世のおろかな声に耳を傾けることがないようにし、
私たちの喜びと楽しみが、この世からではなく

天から来るようにしてください。
日々、私たちが天国の味を味わいながら生きることができるようにしてください。

今日、私たちは永遠のことを思い、主のところにまいりました。
私たちの霊が渇いているので、主のところに来ました。
私たちの助けは、人にあるのではありません。
私たちの助けは、生きておられる主にのみあるのです。

願わくは、私たちのつまらない理性や論理から
私たちを救い出してくださり、
礼拝を通して私たちの信仰と希望の翼を
大きく広げることができるようにしてください。
神様とお会いすることを通し、新しい力を得て、
一週間を勝利させてください。

インマヌエルの神様。
主の御手を広げ、私たちすべてを希望で満たしてください。
ただ主の御名だけが、栄光を受けられることを願います。
イエス様のお名前によってお祈りをささげます。アーメン

「わたしを呼べ。そうすれば、わたしは、あなたに答え、あなたの知らない、理解を超えた大いなる事を、あなたに告げよう。」（エレミヤ書三三・三）

「こんな時注意せよ！」

もし皆さんが
祈りよりも、もっと楽しいことを見つけたら、
聖書よりも、もっと魅力的な本を見つけたら、
教会よりももっと魅力的な場所を見つけたら、
神様がもうけてくださる食卓よりも
もっと魅力的な食卓を見つけたら、
イエス様よりも、もっと魅力的な人を見つけたら、
天国よりも、もっと魅力的な希望を見つけたら
皆さんは信仰に警鐘を鳴らさなければなりません。

― ワナメーカーの書いた文より ―

17「母の日」制定

母の日の由来

「母の日」は、アンナ・ジャービスという一人の女性教師の献身的な努力によって始まった。アンナの母のアン・マリー・ジャービスは牧師の娘として生まれ、アメリカ女性運動の草分けと言えるほど、たくさんの社会活動をした。南北戦争の時には疲れ果てた人々の心を慰め、捨てられた小さな子どもたちを病や飢饉から救うために「マザーズフレンドシップクラブ」を結成し、教会でも日曜学校の教師として二十六年間献身した。

いつもマリーは、娘アンナと教会の日曜学校の生徒たちに十戒の中の五番目の戒めである「父母を敬いなさい」を強調していた。そんなマリーが病気で世を去ると、アンナは母親に感謝の心を十分に表せなかったことを後悔し、自分だけでなく世界のすべての

“年齢に関係なく、母親の胸の中はいつも最高の学校だ。”

— ジョン・ワナメーカー

◀ アンナ・ジャービス

子どもたちが母親の愛に感謝することができる日が制定されたら、少しでも母親の犠牲と奉仕に応えることができるだろうと考え、母の日の制定のために一人で祈り始めた。

母親の一周年の追悼礼拝の時、アンナ・ジャービスは以前に母と一緒に活動していたマザーズフレンドシップクラブの会員たちと一緒に、「母の日」の制定を提案することを決め、自分の故郷クラフトン市の人々や公共機関に手紙を送り、母の日の制定の必要性を知らせた。しかし「母の日」を国家的な行事として定めることに対する周囲の反応は、意外と冷たいものであった。その後アンナは、実業家のワナメーカーに会い、彼が積極的に助けてくれたため、彼女の夢である「母の日」の制定を実現することになった。

ワナメーカーの「母の日」記念行事

ワナメーカーは、母の三周年の追悼礼拝の時（一九〇八年五月の二週目の日曜）、自分の百貨店で数千人の職員たちと彼らの母親を招き、「母の日」記念行事を行った。彼は参席した母親たちにカーネーションと記念品を贈った。その日、アンナ・ジャービスは感激して言った。

「今日はお母さんに何かして差し上げなければならない日です。愛情あふれる言葉を一言、温かいほほ笑み、小さな贈り物、感謝の手紙など、できる限りいろいろな方法でお母さんに愛と感謝を表現してください」

「母の日」の記念行事は新聞に大きく報道され、世界に広く知られるようになった。その後、ワナメーカーはベタニヤ教会で「母の日」を記念する教会行事を毎年行った。日曜学校では、手作りのカーネーションを母親につけてあげ、カードと贈り物を渡す時間も持った。

ワナメーカーは、「母の日」の制定のために政府に提案し、支援し続け、このような努力により、予想より早く「母の日」に対する認識が全国に広がって行き、翌年の一九〇九年には、カナダ、プエルトリコまでも広がった。一九一〇年には、ウェストバージニア州で最初に公式に「母の日」が発表され、記念日として制定しようという世論が全国的になった。ついに一九一四年、ウッドロウ・ウィルソン大統領は五月の第二日曜を「母の日」として公式に決めた。この日、すべての連邦の建物には国旗が掲揚され、母親たちへ敬意が表された。

「高貴な人の好意を求める者は多く、誰でも贈り物をしてくれる人の友となる。」

（箴言一九・六）

韓国の母の日の始まり

韓国の「母の日」は、宣教師たちが教会を中心に「母の日」を守ることを勧めたことから始まった。そうしてチョンジュ第一教会が一九三〇年五月十一日に母の主日を初めて行ったことが始まりとなった。一九三〇年五月二十八日、キリスト新報には、最初に行われた母の日のお祝いの行事に対する記事が掲載された。

「日曜学校主催で、母の日のお祝い」
五月の二番目の日曜は世界的に守られている「母の日」であるため
チョンジュ教会でも今回、初めて盛大な式次で
母の主日、祝賀礼拝がささげられた。

一方、国としてはイ・スンマン大統領が一九五五年当時、五月

の二週目の日曜だった母の主日（五月八日）を「母の日」として確定し、一九六〇年からキリスト教界では「母の主日」を「両親の主日」と改称し、それに続き、政府でも父親たちの強い抗議を受け、一九七四年から「母の日」を「両親の日」と改称し、今日に至っている。

18 生涯の同労者D・L・ムーディー

ムーディーとの最初の出会い

D・L・ムーディー（一八三七年）とジョン・ワナメーカー（一八三八年）は、同時代に生まれた人として、信仰のうちに深い友情を分かち合い、人生の履歴も似ていることで有名だ。

ムーディーとワナメーカーは二人とも
貧しい家庭に生まれ、
子どものころに父親が世を去り、
小学校も卒業できず、

“神様は、信頼する人を決して沈めることはない。”

— ジョン・ワナメーカー

子どものころから仕事を持って、家長の役割をし、聖書だけを人生の指標と考え、YMCA会員としてスタートした後、代表を歴任し、YMCA会館建設の絶大な功労者となり、日曜学校補助教師としてスタートし、生涯その責任者であり、古くて小さな商店街の建物を借りて日曜学校を始めた後、当時最大の日曜学校の建物を建て、牧師ではなく一般信徒奉仕者として、二人とも世界的な名声を得た。

ワナメーカーがムーディーに初めて会ったのは、二十歳で肺結核の診断を受け、療養地のシカゴに滞在していた時に、アルバーニ教会で開かれたYMCAの集まりでだった。若い伝道師ムーディーの情熱的な説教は、ワナメーカーの心を熱く燃やした。彼はムーディーのＹＭＣＡと日曜学校の働きに多くの信仰のチャレンジを受け、フィラデルフィアに戻ってきた後、すぐにＹＭＣＡとベタニヤ日曜学校の働きに献身することにした。

彼らが再び会ったのは、ワナメーカーが二十四歳の一八七一年と、二十六歳の一八七三年に、ムーディーがリバイバル講師としてみことばを伝えるためにフィラデルフィアのＹＭＣＡを訪問した時で、彼はムーディーのために自分の家を宿として提供した。若い時の出会いと交わりだったかが、彼らは日曜学校とＹＭＣＡの働きに献身した同士、共通の関心を持ち、夜が更けるまで語り合い、互いに対する働きのビジョンやアイデアを共有することで深い信頼関係を築いた。ワナメーカーはこの時、ムーディーの言葉に大きなチャレンジを受け、フィラデルフィアのＹＭＣＡ会館の建物のために巨額の献金をした。

ムーディーの助け手

その二年後の一八七五年十一月、フィラデルフィア地域で開催され、二カ月以上も続けられたムーディーのリバイバル集会で、ムーディーとワナメーカーは生涯の友、また同労者として、深い友情を持ち続けることを約束した。

当時、フィラデルフィア地域のキリスト教実業家会の責任者だったジョシュア・L・ベイリーとジョージ・H・スチュアートなどが、ムーディーを招いてリバイバル集会の開催について話し合っていた時、ワナメーカーはビジネスの関係でヨーロッパに滞在していた。

彼らはムーディーの大規模集会を開催するのに良い場所を模索していて、今は使われていない汽車の駅の貨物停車場を改造して使えば、たくさんの人を集めることができるという意見になった。市庁の担当者に会って場所の使用について相談する過程で、その建物の所有権がワナメーカーにあるという事実を知った。彼らはヨーロッパに滞在しているワナメーカーに電報を送った。しかし都合の悪いことに、集会の日程と百貨店のオープンのための工事計画が重なっていたのだ。ワナメーカーはアメリカ独立百周年の記念日に合わせて百貨店をオープンする予定だった。すぐに改装をし始めても余裕があるわけではなかった。このようにすべての不利な状況であったにもかかわらず、ワナメーカーは貨物停車場を集会の場所として喜んで提供し、次のように短い電報を打った。

「新しい衣料店の開店は、何カ月か延期することができます。いつも主の働きが一番であり、場所の使用料は全額無料です」

ヨーロッパから戻って来たワナメーカーは、ムーディーのリバイバル集会の責任者として話し合いに参加し、集会の進行や広報物の製作など、全般的な働きを担当した。また、ベタニヤ教会の信徒たちと彼の店の社員たちも立ち上がり、集会の期間中の案内はもちろん、聖歌隊賛美の曲順を担当する働きまでも手伝った。

ジョージ・H・スチュアートが建物で使うイスとして大講堂に八千九百個、聖歌隊席に千三百個を注文することを提案すると、ワナメーカーはこのように言った。

「もう八個多く注文しましょう」

「どうしてですか」。けげんな様子でスチュアートが聞いた。

「だいたいの数を言うよりも、正確な数字はいつも力強い印象を与えるからです。もし私たちが講堂の会衆席に八千九百四個のイスと、聖歌隊席に千三百四個のイスを準備したと言えば、人々はその数字に対し、さらに信頼感をもつでしょう（彼は、いつも数字を正確に言う習慣を持っていた）」

ムーディーのフィラデルフィアでの集会は、彼のリバイバル集会の中でも、最大なものとなった。通路はもちろん、野外まで人がぎっしり立たなければならないほど、大盛況だった。グラント大統領（十八代）と長官たちを含む百万人を超える人々が参加する大記録を作った。

ワナメーカーは集会の期間中、ムーディーの友として、また助け手としてムーディーの横で手足となって支え、彼が楽に過ごせるようにと、二カ月を超える集会の間、すべての礼拝に参加し（もちろんベタニヤの主日礼拝の時間は除く）、霊性と組織を導き、人を集める優れたリーダーシップを見せた。

またワナメーカーは、ムーディーに自分の家に泊まるよう頼み、彼のすべての個人的な費用の一切を支払った。そしてムーディーと共に住んで楽しみながら、言葉では言い尽くせない祝福の時を楽しんだ。彼は朝早くから夜遅くまで、少しでも時間ができるたびにムーディーと語り合い、祈り、賛美し、聖書を読み、日曜学校の働きのビジョンを共有した。

一八七六年一月二十一日、ワナメーカーはムーディーの集会を終え、すぐにその翌日の朝早く、超大型衣料店の「グランドデポ」オープンのために改装作業を始めた。ムーディーが説教し、有名な歌手サンキーが賛美し、百万人以上のクリスチャンが集まった、まさにその祝福の場所に、ワナメーカーの百貨店が始まったのだ。

その後もムーディーとワナメーカーは、日曜学校とＹＭＣＡ、失った魂を救う伝道の働きに生涯を通してすばらしい同労者として友情を保ち、互いに大きな力と勇気を与え合った。ムーディーが世を去った時、ワナメーカーはシカゴに駆けつけ、友との別れを哀悼し、多くの弔問客たちの前で次のような弔辞を残した。

「私は、ムーディー先生とキリストの内にあって長い間親しくし、深い友情を分かち合ってきました。ムーディー先生は、神様のみことばである聖書を誰よりも愛し、一人の魂

▲ムーディーのフィラデルフィアリバイバル集会。ムーディーが導いたリバイバル集会の中で一番大きな規模であった。

を、特に幼い命を何よりも大切に思っていました。先年、フィラデルフィアでムーディー先生に会った記憶が、今でもはっきりと思い起こされます。大規模伝道集会で、多くの人たちにみことばを伝え、疲れた顔色をしていても、汽車の駅で一人一人に近づき、福音を伝える姿に大きな感動を覚えました。私は家に戻り、『ムーディー先生は天国に行かれる時に初めて、伝道の働きをやめるんだろうなあ』と妻に言ったことを、今でもはっきりと覚えています。ムーディー先生の葬儀にいらした皆さんは、先生の聖書に対する愛と、幼い命を愛する熱い情熱、イエス・キリストの福音のために命をかけて忠誠を尽くす模範を、胸の奥深くに大切にしまっておかなければなりません」

「主はその御目をもって、あまねく全地を見渡し、その心がご自分と全く一つになっている人々に御力をあらわしてくださるのです。」（歴代誌第二　一六・九）

Ready - Made（既製品）！

ムーディーがリバイバル集会の何日か前にフィラデルフィアに到着すると、集会を主催した地域の実業家たち 25 人が、ムーディーを招いて夕食の席を準備した。ムーディーは食事をする前に、そこに集まった実業家たちにこう言った。

「もし皆さんが罪人をキリストに導きたいのなら、皆さん自身がまずイエス様に会う準備ができていなければなりません」

そして一人ずつ順に参加した人の名前を呼びながら、主に会う準備ができているかを確認したのだ。

「ベイリーさん、あなたは準備ができていますか（Are you ready?)」

「はい。準備できています（I am ready.)」

食事の席の雰囲気にしては、とても厳粛でぴんとした緊張感が張りつめた。そしてワナメーカーの順番になった。

「ワナメーカーさん、あなたは準備ができていますか（Are you ready?)」

「はい。既製品です（ready-made)」

ワナメーカーの機転の利いた答えに、重かった食事の雰囲気が爆笑と共に、がらっと変わった（ワナメーカーは当時、消費者たちはいちいちオーダーメイドする必要がない既製服【ready-made】がもっと簡単で、値段も安くて良いことを宣伝していた)。

19 妻の力

妻と共に行く道なら

「幸せな家庭は天国の縮図」という言葉がある。生涯、日曜学校の奉仕と会社の仕事で忙しかったワナメーカーだったが、彼の家庭は幸せがあふれ、それこそ天国の縮図だった。このような家庭を築くことができた背景には、彼の妻メアリーの力が大きかった。彼は、誠実で慎み深い妻メアリーがいたために、共に六十年の間、美しい家庭を築き続けることができた。ワナメーカーは、多くの人が集まる公式の席で、妻に対して話す時には必ず「この世で最高のすばらしい女性」という賛辞を惜しまなかった。彼は後に、もう一度生まれるならどんな仕事をする人になりたいかという記者の質問に、こう答えたことがある。

“本当の勝利は柔らかいほほ笑みの中に隠れている。”

—— ジョン・ワナメーカー

「妻と一緒なら、私はどんなことをしても構いません。私が少しでも成し遂げたことがあるとするなら、それはすべて妻の内助の功のおかげです」

ワナメーカーが仕事から家に戻って、いつもまず探すのは、妻のメアリーだった。すると妻は、ずっと待っていたという明るいほほ笑みを浮かべ、彼を出迎えた。このような妻の奥ゆかしい人格は、生涯変わらなかった。

ビジネスにおいても、教会の働きにおいても重い責任を負っていたワナメーカーは、すべての問題を妻のところに持っていき、彼女はいつも彼の重荷を軽くしてくれた。彼が家庭で妻と過ごす時間は、休息と活力を得る再充電の時間であり、妻の一言は、彼の考えの中の深い霊感を増し加えてくれた。だからこそ、妻は彼にとって力になる存在だったのだ。

メアリー・ブラウンは一八三九年、フィラデルフィアにある食品店の主人の娘として生まれた。彼女はワナメーカーの妹であるメアリー・ワナメーカーと親しい友だちだった。ベタニヤ日曜学校を始める時も、メアリーはワナメーカー兄妹と一緒に、トリオを組むほど親密な関係であった。

メアリーとワナメーカーは、子どものころからジョン・チェンバース牧師の第一独立教会で信仰生活を共にしながら、互いをよく知っていた。彼らは青年部の活動を一緒にしながら地域社会に仕え、日曜学校の教師として奉仕しながら互いに親近感を持つようになった。メアリーはワナメーカーのほとばしるような情熱と献身的な態度に心を引かれ、ワナメーカーは彼女の純粋な信仰心と温かい心に好感を抱いた。

メアリーはワナメーカーがＹＭＣＡの総務として奉仕していた時、彼の求婚を受け入れた。その時から、ワナメーカーの横にはいつも彼女がいて、ベタニヤでの奉仕にも献身的に打ち込み、彼に一番大きな力と慰めを与える人になった。結婚前、二人は会う時間がほとんどなかった。そこでいつもメアリーはワナメーカーが仕事を終え、彼女の家に少しの間立ち寄る時間を待ちこがれることが多かった。そんな一八六〇年九月二十七日、メアリーとワナメーカーは、若い日に神様に献身したまさにその場所、第一独立教会で、ジョン・チェンバース牧師の司式のもと結婚式を挙げた。新婚生活は、家賃二十五ドルの賃貸の家にみすぼらしい家財道具いくつかを置いて、こじんまりと始まった。

心強い支援者

すべての開拓者の妻たちが貧しさと逆境のトンネルを通るように、やはりメアリーも六年間は、ビジネスとベタニヤ教会開拓者の妻として、犠牲と苦労によく耐え、夫の心強い支えとなった。彼女は夫がビジネスで困難な状況に直面し、彼のアイデアがきちんと認められない時にも、夫に対する信頼が揺れることはなく、むしろ彼の冒険を激励してくれた。ビジネスとベタニヤでの奉仕の初期に、夫であるワナメーカーがとても苦労し、今の生活に安住する心になって「これくらいで港にいかりを降ろし、平安に定着するの

ワナメーカーの妻、メアリー▶

はどうかな？」と聞いた時、「もっと深いところに向かって航海を続けたい」と答えた彼女だった。ワナメーカーが落胆することなく、さらに大きな目標と夢を見上げることができるよう激励したのだ。彼女は、家庭で夫が稼いで来たお金を無駄に浪費せず、ビジネスに再投資できるよう慎ましく生計を立てた。そして夫が公的な活動（ビジネスとベタニヤ教会）に時間と考えをすべて注ぐことができるよう、すべての家庭のことから解放した。

ワナメーカーの事業が成功し、教会が成長するにつれ、実子の数もだんだん増え、メアリーの働きもだんだんと増えていった。二人は事業が軌道に乗ると、フィラデルフィアと田舎に広い家を買った。フィラデルフィアにある家は「都市の家」として建て、田舎のジェンキンタウンのリンデンハーストの家は、「お客さんを迎え入れる準備が完備している場所」と呼ばれるほど、誰にでもいつでも解放し

◀ リンデンハーストにあるワナメーカーの邸宅

ている家として準備されていた。メアリーは笑いながらこう言った。

「小さな子どもたちと素朴な生活をする若い主婦として、初めてたくさんのお客様をおもてなししましたが、お客様はみんな牧師と宣教師でした」

彼女は忙しい母親としてだけでなく、親戚や家族、ベタニヤの信徒たち、財界の知人たち、宗教家たち、政治指導者たちに至るまで、数多くの人がしきりに出入りする家の気だてのいい女主人として、一人三役、いや、それ以上の役割を果たした。客の中には、有名なリバイバリスト、D・L・ムーディーやビリー・サンデー、また大統領のベンジャミン・フランクリンもいた。彼女は数多くの客をもてなすのに忙しい週末のある日記に、こう記した。

私は四日間、二十八人の教会の家族たちと共に楽しい時間を過ごした。その中でも二十人は、もう数日間ここで過ごす。すべてのことに失敗しても、私は下宿の主人としては必ず成功するだろう。

優しい母親像

メアリーは、夫にとってはすばらしい妻であり、子どもたちにとっては柔和な優しい母親だった。彼女がどれほどよく家族の面倒を見て励ましていたかは、彼女が子どもたちとやりとりした多くの手紙を見ると分かる。次は長男のトマスが、手紙でワナメーカーが郵政長官として国会の承認を受けたという知らせを聞いてすぐに母親に送ったものだ。この手紙は、三十歳になった息子が、重要なことがあるたびに、母親の忠告にどれほど頼っていたか、そして母と子の間の愛がどれほど親密だったかを見せてくれる。

愛するお母さん！

郵政長官の妻になったこと、おめでとうございます。お父さんは職務を全うするため、明日の朝ワシントンに旅立たなければならないそうです。私がお父さんについていって、仕度をしてあげるべきか、ここに残って事業を見るべきか、今も悩んでいます。お母さんがここにいたら、良い忠告をしてくれるでしょうに……。長官の妻になって忙しいでしょうが、できるだけお手紙を下さい。私はお母さんのことを考え、お母さんと一緒にいる時が一番幸せだからです。

今、お母さんのひざ枕で横になり、お母さんの甘いキスを受けることができたら、どれほどいいでしょう！

――お母さんの息子、トマス

メアリーは、夫のビジネスとベタニヤの働きがある程度安定し、子どもたちも大学を卒業して成人すると、常々関心を持っていた慈善事業に参加し、たくさんの働きをした。彼女は周囲の貧しい隣人に食事や服、また冬には暖房の燃料などを届ける働きを始め、家庭環境が貧しく、勉強したくてもできない学生たちに登録金を支給したり、貧しくて病院に行きたくても行けない人たちのために物質的な助けをするなど、自分ができる奉仕は何でもした。もちろんこのような働きの大部分は、助けを受ける人たちを配慮し、とても密やかに行われた。彼女の慈善事業が拡大し、一人の力ではすることができなくなると、秘書を置かなければならなくなった。

夫がベタニヤの働きを通して子どもたちを神様に導いたように、彼女は子ども病院や孤児院の働きを通して多くの子どもたちを神様に導いた。彼女のこのような奉仕は、夫のベタニアの働きを背後で間接的に支える役割を果たした。彼女は、孤児院の働きが大きくなると、夫にも参与してもらうほどとなり、彼女が建てた孤児院の名前は「お母さんの家」と名付けられた。

ワナメーカーが子どもたちの父親で、友だったとすれば、メアリーは孤児や子どもたち、貧しい人たちの母親であり、友だった。彼女は健康を害するまで困った人たちを助ける働きを続け、夫より二年早い一九二〇年八月二十日、神の国へと呼ばれた。

「しっかりした妻を誰が見つけることができよう。
彼女の値うちは真珠よりもはるかに尊い。
夫の心は彼女を信頼し、
彼は「収益」に欠けることがない。
彼女は生きながらえている間、
夫に良いことをし、悪いことをしない。」（箴言三一・一〇〜一二）

John and Mary Wanamaker

John Wanamaker

4部

最後の命を花火のように

百貨店王から郵政長官に／最高の栄光、ログカレッジでの演説／世界の日曜学校の指導者／消えることのない情熱のビジョナリー／美しい別れ、天国への凱旋／聖書がつくった偉大な市民

20

百貨店王から郵政長官に

郵政長官に任命される

二十三代大統領としてハリソンが当選し、ワナメーカーを郵政長官に任命すると、選挙で負けた民主党の人々は、ハリソン大統領の人事選択を強く非難した。「どうして一介の百貨店の主人が連邦政府の長官の席に座る資格があるのか。彼は教育もちゃんと受けていないし、社会経験といったらただ教会に出席して日曜学校で子どもたちの世話をし、牧師や宣教師と親しく過ごしただけだろう。彼は不正な方法で稼いだ金で長官の席を買ったに違いない」などと、さまざまな悪いうわさを言い広めた。

ニューヨークワールド紙の編集者だったジョセフ・ピューリッツァーは、ワナメーカー

“ 働くために生まれて来たということを知っている人は幸いだ。”

— ジョン・ワナメーカー

の不正をメディアに暴露しようとして、彼が運営する百貨店に行った。もし百貨店の建築過程での汚職、不正なビジネス取引、社員に対する不公正な処遇、脱税、人格的欠陥など、不正や汚職が見つかりさえすれば、彼にとって致命傷になるだろうという思いから、いろいろな分野から取材をした。しかし調査が行われれば行われるほど、仕えることを基盤として成り立った成功を認める結果だけが出てくるのだった。

職業倫理に忠実だったワナメーカーは、国民の奉仕者として公共の利益のために自分のビジネスで見せた情熱と献身を、郵政長官の仕事でも変わることなく誠実に見せた。彼は六万七千カ所の郵便局と十五万人を超える職員を率い、世界で一番大きなビジネスを経営する人として郵便局の業務を何よりも効果的に改善するために、自分がすでに試して成功したビジネス概念を導入し、質の高いサービス精神で改革を導いた。

彼は、自分のビジネスで「お客様を王」として仕え、満足のいくサービスを提供する時に販売が急増したように、郵便局の業務も人々の利便性のために親切なサービスを提供すれば、さらに多くの人々が郵便局を利用すると確信していた。そうすれば相対的に財政も伸び、財政が伸びればさらに質の良いサービスを提供できるという確固たる考えがあった。

郵政長官だった頃のワナメーカー▶

彼は自ら創造的なアイデアを通して業務を改善し、職員にも郵便局の業務の効率的な改善のためにアイデアを出し、さらにすばらしい次元で国民に仕えるよう要求した。彼は、郵便局の職員たちとさかんに会い、対話をすることで斬新なアイデアを出すよう励ました。

ある時、職員の一人がワナメーカーに新しいアイデアを出した。そのアイデアは、それまで郵便物を送るためには郵便局か町の指定された郵便ポストがある所まで行かなければならなかったのだが、家の前の個人郵便受けに送る手紙を入れて、そこに手紙を入れたら印として小さな旗を立てておけば、郵便配達員が持って行けるようにしたらどうかというものだった。ワナメーカーはこの職員のアイデアを聞き、すぐに積極的に行う措置を取った。その結果、それまで郵便物を送りたくても、遠い所まで行くのが不便で頻繁に利用できなかった人たちにとってとても便利になっただけでなく、郵政局の収入も画期的に上がったのだ。

郵便局の革新

郵政長官として彼が行った重要な業績とアイデアのいくつかを紹介すると、次のようなものがある。

まずワナメーカーは、地方の辺ぴな所に住んでいる人々にも郵便物が無料で配達できるようにした。当時そのような所に住んでいる人たちは、郵便物を受け取るために町の中心まで出なければならないという不便さがあったが、彼は、どんな所でも郵便物が配達されることが当然の公共のサービスだと政府を説得した。しかし反対する人たちは、ひどい道路事情や予算の増減などを理由に、ぜいたくなサービスだと彼の提案を攻撃した。開拓精神の旺盛なワナメーカーは「すべての子どもたちのために家から学校まで通学する道が整っていなければならないのと同じように、郵便配達のためにも、塞がれた道があってはならない」と主張し、辺ぴな地域までの無料郵便配達サービスを強く推進した。結局、彼の考えが通り、辺ぴな所に住む人々も無料で郵便物を受け取れるという恵みを味わうことができるようになった。またこれには、道路状況の改善までもおまけでついてくるという成果を挙げた。

二つ目にワナメーカーは、「小包郵便制度」を郵便局の業務として作った。当時、品物を小包で送る場合には、専門の運送会社を利用しなければならなかったが、普通の市民が利用するには料金が高く、とてもではないが使えないという状況だった。

彼は、政府が公共のサービスとしてすでに活用している全国的な郵便局の組織網を利用して、小包郵便制度を運用すれば、費用節減だけでなく、経済効果にも相当有益だろうと提案した。当然、運送会社は、彼の提案に強く反対した。国会もこれほど大きなプロジェクトを承認するには、多くの時間が必要だった。彼は個人の利益よりも国の発展と国民に仕えるという次元で、続けて政府を説得した。結局、彼の持続的な努力にもかかわらず、郵便局から小包を送ることは彼の任期内に実を結ぶことはなかった。しかし、時が流れて一九一三年一月一日、ついにワナメーカーの努力が実を結び、彼は郵便局から小包を最初に送る特権を味わった。

三番目にワナメーカーは、郵便局で行っていた「郵便宝くじ制度」を廃止した。当時宝くじ制度は、長い間、政府が合法的な方法でお金を稼ぐ手段として正当化されていて、国民も政府の政策に特に抵抗することなく従っていた。しかし彼は宝くじ制度の弊害を指摘し、国が運営する郵便局で宝くじを販売することは禁止するべきだと周囲の人々を説得した。

「宝くじは、怠け心とばくち好きの心をあおり、人々を堕落させます。労働と勤勉と節約を強調しなければならない政府が、賭博と変わりない宝くじの販売で不当利益を得るようになれば、結局のところ個人と社会は病み、国は道徳的な破滅を招くことになります」

結局「郵便宝くじ廃止案」は、良識のある国会の知人たちとクリスチャンたちの間接的な支援によって、一八八九年、彼が郵政長官になった年に法案が通過した。その後、郵便局では、どんな宝くじも販売することができなくなった。この働きを成し遂げるために共に働いてくれた人たちに感謝の言葉を伝えながら、彼は「神様が最も喜んでくださる法案が通過した」と言った。

四番目にワナメーカーは、「郵便局貯金制度」を最初に提案した。彼は実業家としてお金を貯蓄し、健全に投資する時に得る恩恵について、誰よりもよく知っていた。彼は地域に銀行がなかったり、銀行があっても信頼することができず、家の中の秘密の場所にお金を保管している人々が意外と多いという事実を知っていた。これは資金が回らず、国の経済も萎縮し、個人も利子による収益を得ることができないという悪循環を招いていた。このような状況で銀行の利子率で貯金業務を施行したら、多くの人が、全国的な組織があり信頼できる郵便局貯金制度を利用するだろうと確信して政府に提案した。

もちろん彼の計画が国会の承認を得て、郵便局が正常な貯蓄業務を施行するまでには何年もの歳月がかかった。しかし郵便局貯金制度が施行されると、彼の先見の明の通り、多くの人たちが安全な郵便局の貯金を利用し、政府は貯蓄された貯金を通して経済を活性化させることができる一挙両得の大きな効果を得ることになった。現在、韓国の郵便局でも「郵便局貯金、郵便局保険」制度などのサービスを通し、多くの予算を確保している。

五番目にワナメーカーは、「記念切手シリーズ」を最初に発行した。郵政長官としての彼のアイデアは、若い郵便局の局員が想像できないほど先を行っていた。中でも一番目を引いたなアイデアは、記念切手シリーズの発行だった。

アメリカ独立百周年記念行事の中心人物として奉仕したワナメーカーは、百周年を記念するために発行した封筒のデザインを思い浮かべ、それがどれほど人々の興味と関心を引いたかもはっきりと覚えていた。彼は一八九二年の夏、職員たちと共に次のようなことを決めた。

「シカゴで開催されるコロンブス博覧会の期間、コロンブス四百周年を象徴する切手を特別シリーズで作って発行すること」

ついに最初の記念切手シリーズとして、コロンブス記念切手十六枚のすばらしいカラーセットが発行された。当時アメリカで発行されていたすべての切手の中で一番魅力的にデザインされたカラー切手だった。記念切手の購入者たちは、それを郵便物を送る時に使わず、コレクションとして保管したため、期待以上の副収入を確保することができた。今日も郵便局は続けて記念切手を発行することで多くの予算を確保し、切手の多くを切手収集をしている人たちが買っている。ワナメーカーは切手収集について、次のように言った。

「切手収集を若い人たちに勧めます。なぜなら、若い人たちの芸術的な素養を養い、歴史や地理、文化の学びにも助けになるからです」

一人の人の情熱とアイデアが、歴史の進歩にどれほど多くの変化と影響を与えることができるかを、感じることができる。

「主が知恵を与え、御口を通して知識と英知を与えられるからだ。」（箴言二・六）

郵政長官としての最後の報告

ワナメーカーは４年間の郵政長官の任期を終え、ハリソン大統領に彼の最後の報告書を次のように作成した。

私は、郵政長官の席に座ってサインをしたり、仕事のために訪ねて来る支援者たちに会ったりすることで、一日を浪費したくありませんでした。なぜなら、アメリカの郵便制度を最高の水準にしようという野望があったためです。この４年間で、郵便局の業務は次のように発展しました。

1. 5,151 個の新しい郵便路線の設立
2. 郵便局を 8,984 カ所に増設
3. 個人の家からも郵便物を送れるようサービス改善
4. 郵便博物館の建設
5. 新しい構造の郵便局業務の開始。郵便局貯金制度
6. 汽車内で郵便物分類業務を開始。小包郵便制度実施
7. 簿記制度改善。新しい小さな切手を発行
8. コロンブス記念切手シリーズ発行
9. 海岸地域まで郵便局を設立
10. 田舎の奥地まで無料郵便配達

── 郵政長官　ジョン・ワナメーカー

21 最高の栄光、ログカレッジでの演説

一七二六年、ウィリアム・テナントによって設立された最も古い初期の教育機関であるログカレッジ。この学校は、アメリカ独立よりも前に始まった最初の神学校として有名だ。歴史と伝統が根づくこの学校に招かれて講壇に立つことは、どのような働きよりも栄光のあることと考えられていた。

一八八九年九月五日、ログカレッジは大学の特別行事に、ハリソン大統領と郵政長官のワナメーカーを招いた。大統領と共に招待を受け、演説をすることになったワナメーカーは、へりくだった感謝のあいさつで自分の心を表現した。次に紹介するワナメーカー

“浪費した時間は、意味もなく投げ捨てられた人生の一部である。”

— ジョン・ワナメーカー

の演説は、この行事の重要性とログカレッジの歴史を聖書的によく証明し、そこにいたすべての人たちの心に多くのチャレンジを与えた。

「尊敬する司会者とここにいらっしゃる皆さん！　私は今日、式次の中の一部分を任されたことを誇りに思います。まず、このような場を与えられたのは、近所に住んでいたからだと思います。三カ月ほど前に私の愛する昔からの友だちであるマーフィー博士が、この行事に来て演説してくれるよう声をかけたくださった時、私は断りました。行事に参加はしても、演説まではできないという意味だったのです。にもかかわらず、この行事の準備委員会が学校の歴史的な特別行事で、演説をする機会を下さったことを感謝します。私は今日、歴史に残るログカレッジの近くに住んでいることが、どれほど大きな祝福であるかを、共に分かち合いたいと思います。

何でもないただのこの場所が、アメリカの初期教育の記念すべき母胎となりました。しかしこのような片田舎で地を明るく照らしたのは、これが初めてではありません。どのような光も、田舎のベツレヘムの地で天使の歌声と共にいらしたイエス・キリストの光より明るく輝くことはできません。

ダビデが立琴を手にラマの荒涼とした牧草地で歌った歌は、三千年を超えた今でも鳴り響いています。その後、預言者エリシャは最古の預言者学校に入学するため、手に握っていたスキを下に降ろしました。このログカレッジがまさに、その預言者学校を継承しています。皆さんが誇りに思っている先輩たち、何の誉れも名もなく来ては去っていった英雄たちが、一世紀前に預言者学校であるログカレッジの基礎を築くためにここに来て、神様の内で信仰の光輝く道を修めました。

モーセの足もとで柴を燃やし、ご自身の臨在を明らかにされた神様が、敬虔な人々の目の前に再びその臨在を現されました。彼らがここに来たのは、自分の力ではなく、一人で来たのでもありませんでした。ヨシュアとダビデが、当時、草創期の先生であった預言者イザヤや預言者エリヤを通し、くり返し語っているからなのです。彼らは神からの霊感で、自分たちのメッセージをくり返し語りました。使徒たちと殉教者たちが血と汗を流し、弟子たちを育て上げながら、神様の働きは引き継がれています

皆さんの先輩たちの出発はとてもみすぼらしいものでした。数字上で見ると、それほど権威があったわけでもなく、きちんとした品物を一つも持つこともできませんでした。しかし彼らは真理の支えと柱、そして礎石だけを持って、私たちのために、恵みとなる偉大な学校を建てました。当時彼らは、下院によって認可を受けられなくても、上院によって支援を受けられなくても、それでも聖霊が導かれるまま、強い信仰と確信でこの働きを進めてきました。設立者たちの知恵と崇高な精神を認め、神様に栄光をお返しするために、この働きをこれからも代々続けていかなければなりません。

私は、国を守った英雄たちの墓に献花するメモリアルデーが好きです。それは、信仰の英雄たちをたたえるための祝賀行事に集まったという事実がうれしいのです。このログカレッジを建てた本当の先輩たちを思いながら、私たちは今日、彼らの血と汗と祈りが染みついている崇高な席に共に立っています。これはナイチンゲールの歌のように、

また貧しい場所から聞こえて来る霊感のように、私に近づいてきます。
教会で、この国で誠実な人たちが、皆さんとこれからの世代のために、続けて祈るでしょう。そして多くの人たちが神様の働きをする人を「祝福された人」と呼ぶことでしょう。

「人の口のことばは深い水のようだ。
知恵の泉はわいて流れる川のようだ。」（箴言一八・四）

神様の愛は風車

ワナメーカーの名声は全国的なものだった。彼の人生はすべての人たちの模範となり、特に成長している子どもたちには、夢と希望を植える人生のモデルだった。そのため自然と、学校行事の講師として招かれることが多かった。次の話は、一九〇二年、パーキオメンスクールの卒業式での演説の中の一部で、短くはあるが感動と余韻が残る話である。

皆さん。感動的な話を一つしたいと思います。

年配の執事が一人いました。この執事は有名な説教者であったスポルジョンを自分の家に招待し、美しい家の庭を見せてあげました。庭園を回って見ていると、スポルジョンは、庭の角にある風見鶏が目に留りました。そこには何か文字が書かれていましたが、よく見えませんでした。スポルジョンは執事に聞きました。

「あの風見鶏の端に書いてある文がよく見えないんですが、何と書いてあるんですか？」

「『神は愛なり』と書いてあるんですよ」

スポルジョンは冗談を交えて、こう聞きました。

「まさか神様の愛が風見鶏みたいに、あっちこっちを向くという意味ではありませんよね？」

執事さんは真顔で答えました。

「違いますよ、先生！ これは風が吹くところにはどこでも、世界中、すべての場所に神様の愛が共にあるという意味なんです」


愛する皆さん！

この執事の言葉の通り、神様の愛は風が吹くところすべての場所に、今日もここに、そして皆さんがこれから歩む人生の歩みの中に、いつでも変わらない愛で、共にいてくださるのです。

22 ― 世界の日曜学校の指導者

心の故郷、ベタニヤ教会へ

郵政長官として任期を終えたワナメーカーは、もはやフィラデルフィアの一地域にとどまる人物ではなかった。郵政長官になる前から、彼は「フィラデルフィアの若いビジネスマン」「ベタニヤ日曜学校の部長長老」として有名だった。その知名度は、アメリカの独立百周年博覧会行事を通し、彼を国家的な人物へと急浮上させた。郵政長官だったころ、日曜学校の子どもたちを教えるために毎週ワシントンからフィラデルフィアまでを行き来する姿により、彼は全国的な、いや全世界的な日曜学校教師のモデルとして、また主日を守る信仰の人のモデルとして数えられるようになった。

こうして有名になったワナメーカーだが、半世紀以上を過ごしたフィラデルフィアに

“神は、自分自身を最大限用いる者に祝福を注がれる。”

— ジョン・ワナメーカー

変わることのない愛情を持ち、ベタニヤ教会と事業に忠実だった。

しかし時間がたつにつれ、彼の教会への献身はだんだんと拡張し、フィラデルフィア以外の地域へと知らないうちに広がっていった。フィラデルフィアの長老教会の働きが海外にまで広がり、フィラデルフィアＹＭＣＡの働きもまた、世界的なＹＭＣＡの働きとなり、ベタニヤ日曜学校の活動も、アメリカだけでなく全世界の日曜学校の働きとして広がっていったのだ。

世界日曜学校連合会の総裁として選出

一九〇四年、彼は世界日曜学校連合会の副総長として選出された。そして一九一九年五月に、世界日曜学校総裁であるＨ・Ｊ・ハインズ博士が突然世を去ると、副総裁であったワナメーカーが総裁を代行するようになった。一九二〇年十月四日、東京で世界日曜学校行政委員会が開かれるという公文書が世界各国の日曜学校本部に送られた。その席で次の世界日曜学校を導く総裁と役員を選ぶことと、学びの教材を作ることを話し合いたいと伝えられた。

ワナメーカーは、東京に行くことを心から願った。日曜学校の働きを話し合うと同時に、自分が寄付して建てた東京にあるＹＭＣＡ会館と、その中で起こっている若者たちのリバイバルを見ることを望んでいたからだ。しかし一九二〇年八月、彼の妻であるメアリーの持病が悪化したために、日本旅行をあきらめざるを得なかった。その後すぐに、妻は世を去った。彼は日本の日曜学校の責任者に次のような手紙を送った。

私は妻の死と私の肉的な弱さのために、日本に行くという計画を実行に移すことができませんでした。これが私にとって、どれほど大きな落胆であるか、表現することはできません。私は妻の病が回復し、皆さんのすばらしい国を訪問して多くの人々に会い、交わることができることを長い間祈ってきました。私は日本の福音化と日曜学校の働きの夢があります。そこに行って主の祝福を共に分かち合い、多くのことを学ぶことを願っていました。しかし今、すべてのことが私の計画した通りにはいかないことを認めざるを得ません。どうか、世界日曜学校の働きについて話し合う場に、神様の導きと祝福が共にありますように、遠くからですがお祈りします。

ワナメーカーが世界日曜学校連合会の集まりに不参加だったにもかかわらず、全国から集まった指導者たちは、ワナメーカーこそが彼らの唯一の指導者であると考えていた。結局、彼は参加した三十カ国あまりの代表たちによって、世界日曜学校を導く指導者として選出された。自分が世界日曜学校の総裁に選出されたという海外電報を受け、驚きと共に感激を禁じ得なかったワナメーカーは、友人にこう語った。

「全く、この世でこんなことがあるのだろうか。ぼくはその席に参加できなかったというのに。神様のみもとに先に行った妻がこの知らせを聞いたら、どれほど喜ぶだろう。ぼくの妻は、ベタニヤ日曜学校で教師として最初に奉仕を始めた六十二年前から今まで、変わることなくぼくの横にいてくれた……。世界の日曜学校の指導者が、あんなに遠い日本の地に集まって、ベタニヤの若い教師だった私を自分たちの指導者と呼んでくれたんだ。ぼくと妻は、あのころはこんなことは夢にも思わなかった！」

彼はこの電報を受け取った後、ベタニヤ日曜学校を最初に始めた時、妻と共に苦労をしたことを思い起こし、何日もかけて苦労して探した日曜学校の建物が、地域のやくざたちによってめちゃくちゃにされた時、妻とひざまずいてもう一度始めさせてくださいと祈ったことを思い起こし、彼は涙ぐんだ。

聖書を下さった神様を賛美します！

ワナメーカーは、世界日曜学校連合会の総裁に選出された後、世界日曜学校大会で次のようなメッセージを伝えた。

「日曜学校で学んだ聖書の教えが、私の一生の基本的な教育になりました。私はこの世の教育をほとんど受けられませんでした。しかし日曜学校で聖書を勉強し、その時間は私の人生で一番楽しい時間でした。また聖書によって、私の人格と事業を建て上げる努力をしました。そして、この働きのために、私の人生のすべてを投資しました。

私は、聖書を通して救い主であられるイエス様に出会い、神様の内で私の人生の変化を経験しました。弱くて見栄えのしない人生でしたが、私の力であり能力である神様を信頼し、このお方と共にいる時、すべての恐れは消え、何でもできるという勇気と確信を得ました。聖書を読むたびに新しいアイデアとビジョンを下さる神様を賛美します！」

「あなたの道を主にゆだねよ。主に信頼せよ。主が成し遂げてくださる。主は、あなたの義を光のように、あなたのさばきを真昼のように輝かされる。」（詩篇三七・五～六）

若い魂に贈る人生の知恵

若い皆さんは、人生の競技を始めたばかりです。立ち止まらないでください。犯してしまいがちな罪やすべての重圧感を神様の前に降ろしてください。どんなことも皆さんを妨げることがないようにしてください。皆さんの歩みをまっすぐに踏み出してください。そして転ばないでください。

前を走っておられる偉大な主から目を離さないでください。皆さんのコースが朽ちることのない永遠の目標に向かってまっすぐに走るようにしてください。そしてもし黒い雲が立ちこめて皆さんの視野を塞いだとしても、皆さんの目標がまだそこにあると信じ、前に向かって前進し続けてください。そうすれば皆さんは、勝利者になることができます。

謙遜でありなさい。私たちが何者でもないという事実は、本当に学ぶことが難しいのです。たとえ私たちがクリスチャンであっても、私たちは何者でもありません。罪人が謙遜になることは、簡単なことではありません。しかし自分を義人と思う人が謙遜になることは、それよりはるかに難しいことです。謙遜

な人にだけ、神様は恵みを注いでくださるのです。

皆さんの人生の模範が、神様の言葉である聖書であると考えることを願います。そしてほかのどんなことも、人生の模範だとは考えないでください。皆さんをほかの人と比較することはばかげたことですが、聖書の言葉を鏡と考え、比較してみることは知恵のあることです。ただ形式的なクリスチャンになることに注意してください。

皆さんが感じている以上に誇張して表現することを絶対にしないでください。言葉が先になるよりも、生活の中で実践するよう努力しなさい。皆さんが試みに落ちないように、いつも警戒して祈りなさい。サタンは、皆さんを倒そうと見張っています。一瞬たりとも油断してはいけません。皆さんの奥まった部屋である祈りの部屋を忘れてはいけません。そこに祈りの炎がいつもついているようにしなさい。絶対に祈りの火種が消えてはいけません。祈りの秘密は、まさに信仰的な人生の命だからです。

皆さんの教会を覚えてください。教会を助けてください。教会をさらに強くしましょう。皆さんが教会と共にいるために、さらにすばらしい場所、さらに聖なる場所にしていきましょう。教会の本当の信徒になりましょう。教会に皆さんの居場所を作ってください。皆さんがこの街にいる限り、必ず教会に参加してください。皆さんの席が絶対に空くことがあってはなりません。主が私たちを繁栄させてくださるように、教会の良い働きに自分をささげてください。恵みのどのような手段もないがしろにしてはいけません。単なる祈り会であっても、おろそかにしてはいけません。

兄弟を愛しましょう。愛と忍耐、寛容、広い心で友だちに接しましょう。自分を自制する練習をしましょう。機会があればいつも、周囲の人に神様の愛の情熱を見せてください。おそらく皆さんは、その人たちを愛の救い主である神様のところに連れてくることができるでしょう。

神様のために、毎日何か良いことをしようと努力してください。毎時間、毎

瞬間、主に近づいてください。いつも努力してください。疑いを持ったり罪を犯させる、いかなる場所も行動も避けなさい。暗いところにひと時もとどまってはいけません。神様の真理の輝く光の中にとどまっていましょう。

いつも辛抱強くありなさい。どんなことも皆さんを落胆させることがないように、またどんな試みも皆さんを失望させることがないように努力することを怠ってはいけません。皆さんの人生のモットーを「主の能力の内で、私はどんなことでもできる」にしてください。神様を信じ、粘り強く祈りなさい。そして恐れてはいけません。そうすれば神様が若い皆さんに約束された祝福を受け取ることができるでしょう。

皆さんの部長長老　ジョン・ワナメーカー

――一八八一年「ベタニヤ会報」より

23

消えることのない情熱のビジョナリー

私の人生に引退はない

ワナメーカーの心の中に、引退という単語はなかった。ジョージ・ホウィットフィールドの言葉のように、彼は「怠けて錆びついて終わる人生よりも、最後の瞬間まで最善を尽くしてすり減って終わる人生」を望んだ。彼は八十歳代になっても、相変わらず百貨店の主人として売り場の商品の陳列や改善に対するアイデアを考え出し、売り場に出勤することが自分の事業だけではなく自分自身にとっても有益なことだと信じていた。このような確信は、老年に書いた新聞の社説にも表れている。

農場にとって一番良い肥料は農夫の足跡だ。……なぜ人は中年、あるいは老年になると、

“畑の一番良い肥料は、農夫の足跡である。
— ジョン・ワナメーカー”

木の葉のようにしおれていかなければならないのか。長い間充実した人生を過ごした人は、年とは関係なくその心や心臓、そして体の能力をしおらせる必要はない。年を取ったと自分で落胆し、誰も自分を求めていないと悲観することは愚かな考えだ。むしろ老人になればなるほどせっせと動き、若い人たちと共に過ごし、老人の知恵と経験を若者たちに分け与えるなら、その人生は二倍の価値を持つだろう。

彼の人生の最後の日々は、それ以前の日々と少しも変わらなかった。彼の生涯の友が一人、二人と世を去り始めても、彼は二十年以上も忙しく若い人たちと肩を並べて歩んだ。彼は老年になってもフィラデルフィアとニューヨークの仕事場に朝早く出勤し、夜遅くまで仕事をした。また、百貨店の売り場を歩き回りながら、お客さんに親しげに接し、対話の時間を持った。

また、社員たちとも冗談を交わしながら、人生の後半戦、いや、人生の延長戦を楽しんだ。

彼の息子ロッドマンがビジネスを成功させたため、彼の関心事はより多くの人たちに会い、新聞や雑誌に社説やコラムを書き、地域社会と世界教会に仕えることなどに、領域を広げていった。彼はフィラデルフィア教育部の働きと世界日曜学校の働き、世界ＹＭＣＡの働き、ベタニヤ教会の奉仕など、老年には以前よりも忙しい人生を送るようになった。

彼は教会や企業で多くの演説をするよう招かれたが、招かれれば必ず行ったので、時間が足りないほどだった。一九二二年八月十日には、フィラデルフィアラジオ局がタイタニック号の遭難の知らせを最初に受信した時の緊迫した状況を聞かせてくれた。また、自分の商店にアメリカビジネス市場初の電気が引かれた話をする時は、興奮を隠しきれないようだった。

輝かしい老年

彼が老年になっても多くの人から愛を受け、意欲的に活動することができた秘訣は、神様に頼る深い信仰心と肯定的な人生に対する姿勢のおかげだった。人々は、彼の信仰と事業の成功の秘訣を学ぼうと、豊かな人生経験から生まれる知恵と助言を聞きたがった。人々は「彼に会えば心が平安になり、慰めと力を受け、問題が解決する」と言い、彼と一緒にいることを好んだ。

ある時、ワナメーカーの人生の終盤期に、事業に失敗した実業家が訪ねて来て、自分の人生を嘆きながら助言を求めた。

「もう私の人生はおしまいです。事業は完全にだめになって、残ったものは莫大な債務以外には何もありません。これ以上、誰も私を信じてくれません。どうしたらいいでしょう」

ワナメーカーは彼の絶望的な顔を見ながらこう慰めた。

「誰もあなたを信じてくれないですって？　でも自分自身を信じなければなりませんよ。そして何よりも神様を信じてください。そしてあなた自身と神様を信じると、自分に続けて言い聞かせてください。あなたの最大の問題は、否定的な言葉と、憂いと心配にあふれた顔です。聖書の中には、あなたのような問題を解決できる方法があるということを知っていますか。あなたの問題と悩みを風呂敷に包んで、神様の前に降ろしてください。神様が全部引き受け、解決してくださるとおっしゃっているのです。そしてもう一度始めてください。今度は、神様と一緒に共同事業をしてみてください。顔にはいつも明るいほほ笑みを浮かべ、肯定的な言葉を使ってみてください。そうすれば、すぐにでもあなたは新しい人になるのですよ」

最後まで主の忠実なしもべになり……

一九二二年九月十七日の主日は、彼が朝から晩までベタニヤ教会でいつもの主日の集いに参加し、忙しく過ごした最後の日だった。夜の礼拝の時間には、聖さん委員となって聖さん式を手伝った。礼拝後、信徒たち一人一人と握手し、夜遅い時間に別れて家に戻った。

九月十八日月曜日の朝、彼はいつものように一カ月に一度の集まりである長老教会の月例会を導いた後、フィラデルフィアの事務室にすぐに行き、午後は仕事をし、夜遅く退社した。

九月十九日火曜日、早朝五時に起き、彼は七時の汽車に乗ってニューヨークにある売り場に向かった。グレース長老教会の新しい牧師を立てる委任式で司会進行をしなければならなかったため、いつもより忙しい午後を過ごし、フィラデルフィアに急いで戻った。一日の間にフィラデルフィアとニューヨークを旅することは、八十五歳の老人にとって簡単なことではなかった。

九月二十日水曜日、ワナメーカーは夜の礼拝を終え、夜遅く帰って来た。しかし夜の間中、せきに悩まされて寝そびれた彼は、疲れている様子がありありと見えた。主治医が休むよう勧めたが、彼は大丈夫だと言い、九月二十一日木曜日の朝早く、事務所に出勤し、午後まで仕事をした。主治医が心配し、家に戻って休むよう説得したので、彼は家に帰って少し休んでから、また事務室に戻って仕事をしようと考え、軽い気持ちで家に向かった。しかし、その日は彼が事務室で過ごした最後の日となった。

ワナメーカーは「誰も収穫者の招きから逃れることはできない」という事実をよく知っ

ていた。彼は、家に仕方なくとどまり、病床にいる間にも、自分の生涯の奉仕の場であったベタニヤ教会とＹＭＣＡ、そして百貨店に対する熱い愛情が冷めることはなかった。健康が少し回復すると、病床であっても対話できる時には、家族や信仰の友に、いつものようにユーモアと強い信仰を見せた。そして横になっていても恐れたり心配したりすることなく、神様を信頼して自分のすべてを神様に大胆にゆだねた。彼が臨終の直前に残した最後の言葉は、世界のすべての人にとって、永遠に光となるだろう。

「神様にあって考え、神様にあって努力し、神様にあって汗を流し、神様を信頼することが、私の人生の標語であり、私の人生のすべてだった」

十二月十二日の朝、主治医は次のように、新聞などに発表した。

「ワナメーカー会長は、本日朝八時、とても静かに、そして苦しむことなく平穏に、神様の国に行かれました」

「私は勇敢に戦い、走るべき道のりを走り終え、信仰を守り通しました。今からは、義の栄冠が私のために用意されているだけです。かの日には、正しい審判者である主が、それを私に授けてくださるのです。私だけでなく、主の現れを慕っている者には、誰にでも授けてくださるのです。」（テモテへの手紙第二　四・七～八）

ワナメーカーの人生の標語

ワナメーカーには生涯を通して４つの生活信条がある。すべてＴではじまる４つの単語だった。

4T

John Wanamaker

Think
Try
Toil
Trust in God

Think「考えろ」

どんなことも行う前にまず深く考えてみることだ。ただ自分の頭でだけ考えるのではなく、知恵を下さり、アイデアを下さる神様の内で考えろということだ。知恵を下さる方は、神様だからだ。

Try「実行に移せ」

彼は深く考え、どんなことでも正しいという確信があれば、ためらわず迅速に実践に移した。迅速に新しいことを試し、決定することができる能力により、いつも彼はビジネス界の先導者としての働きをすることができた。

Toil「汗を流し努力せよ」

彼はどんなことも労苦の汗を流さずに簡単に成就することはできず、汗が実を結ぶと幸せと喜びになるが、汗と努力のない実は不正であり、人生の病にかかると固く信じていた。そのため彼はどんなことをするにも、積極的に勤勉に努力し、人よりも多くの汗の実を結んだ。

Trust in God「神様に頼れ」

人がどれほど努力しても、神様の助けがなければ仕方のないことだと彼は徹底的に悟った。たとえ自分は足りなくても、神様を信頼すればできないことはないと彼は信じていたが、そのような自信は神様を信じる信仰から出たものだった。

24 美しい別れ、天国への凱旋

回顧の時間

ワナメーカーの死は、フィラデルフィアのラジオ放送と新聞だけでなく、ニューヨークタイムズの一面と全国ラジオ放送ニュースで報道された。当時のハーディング大統領、スプラウル州知事、経済人、政治家、聖職者、友人、ひいては各国の指導者たちに至るまで、多くの人たちが弔問に訪れた。ベタニヤ長老教会は、静かに、そして厳粛に教会の設立者である長老ワナメーカーの葬送礼拝を準備した。

ワナメーカーの死のニュースがフィラデルフィア市に伝えられた時、J・ハムトン・ムーア市長は、すぐにフィラデルフィアのすべての公共機関の国旗を弔旗掲揚するよう指示した。これは警察署、郵便局、消防署、公立学校など、すべてを含む公立機関全体を意

> 最後の勝利は出発点の飛躍ではない（延長ではない）。決勝点に至るまでの根気と努力である。
>
> ── ジョン・ワナメーカー

味した。これは「フィラデルフィア発展の一等功臣である最高の市民を記念し、彼に対する尊敬を表すため」だった。スプラウル州知事も、彼の弔辞で次のように語った。

「ジョン・ワナメーカー会長は、フィラデルフィアの一番優れた市民です。彼は私たちの時代にどんな市民よりも国家的で世界的に幅広く知られた一番偉大な市民です」

フィラデルフィア新聞の「イブニング・ブルテン」紙も、次のような記事を掲載し、彼をできる限り称えた。

たとえジョン・ワナメーカーは世を去ったとしても、アメリカ経済人の理想的なモデルとして、自由の国ですべての人々のモデルとして、神様を畏れる人のモデルとして、最高の市民のモデルとして、彼の人生は永遠に記憶されるでしょう。

十二月十四日木曜日、彼の葬送式の日、すべての公立学校は休みとなり、市議会や法院は早めに会議を中断し、多くの商店も店を閉めた。ほかの会社や工場、さらには映画館まで、葬儀の時間にはすべての活動を中断した。その日に限って、彼が世を去ったことを悲しむかのように、天から白い雪がはらはらと降り、冷たい風まで強く吹き、弔問客の心を切なくさせた。

一万五千人を超える弔問客が朝早くからベタニヤ教会に押し寄せ、世を去る友に敬意を表した。ワナメーカーの葬送式全体の治安を担当したフィラデルフィア警察署長は、こう言った。

「私の六十年の生涯の中で参列した葬儀の中で、一番たくさんの人が集まっている!」

ベタニヤ教会の礼拝堂の中にある五千を超す席はすべて埋まり、教会堂の応接室を含め外の庭まで、一万人以上の弔問客がワナメーカーがこの地を去る最後の瞬間を見守ろうと、寒さの中集まっていた。たくさんの子どもたちも、自分たちの信仰の父として惜しまずに愛を注いでくれた彼に応えるよう、席いっぱいにあふれていた。葬送礼拝はベタニヤ教会の担任牧師であるゴードン・マクレナン牧師が司式をした。白いガウンを着た二百五十人の女性聖歌隊が賛美を終えると、彼は故人を指して、次のような言葉を伝えた。

「私たちは一つのからだとして、教会の設立者であり、主席長老だったワナメーカー長老の死の前に、大きな喪失感と絶望感を感じています。ビジネスの偉大な指導者として、YMCAの指導者として、適切な時に適切に語ることのできる優れた演説家として、彼の偉大さを称賛します。アメリカの長老教会は、五百万人の会員の中で一番優れた信徒を失ったことを残念に思います。そして、ここに集まっている私たちベタニヤ教会の信徒は、たくさんの人たちの父親であり、私たちの本当の友であった彼を失ったという事実にとても悲しんでいます。

今日ここに集まったベタニヤの家族たちは、ここで若い少年や少女から、大人の男性や女性に成長しました。皆さんのご両親は皆さんを胸に抱いて来て、ワナメーカーから祝福の祈りを受けました。ワナメーカーは、皆さんの人生のすべての経験を共にしました。そして皆さんが人生の問題を話す時、それがビジネスの問題であっても、家庭の問題であっても、個人の問題であっても、どんなことにも耳を傾ける準備ができていて、いつも温かい激励の言葉をかけてくれました。

ベタニヤの家族の皆さんは、この地で親しい誰かと離別する悲しみの瞬間に立ち会うたびに、ワナメーカー長老が訪ねて来て慰めてくれることを知っています。なぜならワナメーカー長老は、教会の家族たちに小さな痛みが少しでもあるなら、いつでも走っていく準備ができていたからです。私たちの心は、とても重たいです。なぜなら私たちに愛と信頼を教えてくれた大切な人を亡くしたからです。私たちはこの葬送礼拝が、ただ私たちの喪失と痛みだけをかみしめる悲しみの席ではなく、彼が私たちに残してくれた祝福とビジョンをかみしめ、前進することを誓う時間になることを願います。

この時間、ワナメーカーを天国に先に送りながら、新しい決心をしようと思います。彼が神様に忠実であったように、私たちも忠実に生きる決心をし、彼が人生の尊い基準を握りしめていたように、私たちも人生の尊い基準を握りしめる決心をし、ベタニヤ教会が彼の指導力のもと、主の愛を受けてしっかりとした教会だったように、これからも続けて主が臨んでくださる美しい教会になるよう献身の思いを確認する時間にならなければなりません。

妻メアリーの横に

葬送礼拝の後、弔問客は故人と最後の別れのあいさつをする時間を持った。弔問客は別れを悲しむ涙ではなく、尊敬の思いがあふれる涙で、彼との最後の別れを惜しんだ。棺を運ぶ人の中には、上院議員の二人と州知事、フィラデルフィアとニューヨークの市長、下院議員数人、大法院長のウィリアム・タフトをはじめ多くの人がいた。

ワナメーカーの棺が、六十五年間、命のように仕えたベタニヤ教会を離れて埋葬地へと向かう時、棺を運ぶ人々は、ワナメーカーが二十一歳の青年から始め、八十五歳の最後の臨終の時まで携わった教会と教会の信徒たちのもとを離れるのだという思いに、なかなか動くことができないようだった。彼らはゆっくりと、とてもゆっくりと進み、教会の前庭にしばらくとどまった。木の一本、草の一本、彼の手がついていないところはない教会、慣れ親しんだ信仰の友、生涯愛した子どもたち……、今、なごり惜しくはあるが、すべてのものを残して離れなければならなかった。霊柩車がフェアマウント墓地に向けてゆっくりと動き出すと、弔問客は最後に彼が行く道を、静かに涙で見つめた。

フェアマウント公園墓地に到着すると、二年前に先に神様のみもとへ行った愛する妻のメアリーと永遠に共にいるようになる。愛する人と共に……永遠に……天国で……。

「まことに、私のいのちの日の限り、いつくしみと恵みとが、私を追って来るでしょう。私は、いつまでも、主の家に住まいましょう。」（詩篇二三・六）

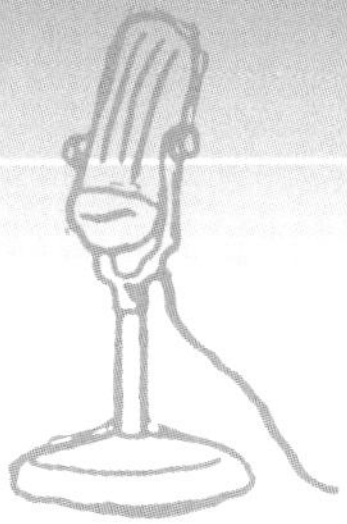

ジョン・ワナメーカーの追悼礼拝説教

フィラデルフィア長老教団総長　ワーズワース博士

フィラデルフィア長老教団は、どんな方法を尽くしてもワナメーカー長老に対する愛情の深さを表現することは難しいということをよく知っています。ではありますが、教団の副総長＊であり、とてもすばらしい会員だったこの方に対する愛と尊敬を、一部ではありますが表現したいと思います。私はこの前の月曜日、長老教団連合総会で採択された決議案を発表することができ、喜んでいます。長老教団は、副総長の召天により、最も大切な会員の一人を失ったため、次のようなことを決議しました。

＊教会の設立者であり、部長長老であったワナメーカーは、フィラデルフィア長老教団の副総長として仕えた。これは長老教団の中で、牧会者を除く信徒として一番名誉ある席である。

一.長老教団は、誇りである会員の召天により、大きな喪失の中で神様のご意志に服従する。

二.私たちは聖書を畏れ、愛していた彼の尊い模範を次の世代までたたえる。彼は聖書を人生の案内者とし、家庭礼拝で一日を始める模範を見せてくれた。

三.私たちは次世代まで彼がどれほど教会を愛し、主日を守っていたかを伝える。主日と水曜日は、彼にとって公的、また私的な礼拝の日だった。彼は郵政長官だった時も、ワシントンから毎週フィラデルフィアまで来て、主日には日曜学校と教会の礼拝に参加し、いつも水曜の夜の祈祷会に参加して神様に仕えた。

四.私たちは、次世代に、ほかの人々に対する彼の思慮深さと献身の模範を伝える。彼は悲しみと不幸を体験している人たちを慰めるため、家庭や病院、葬儀場を訪れて慰め、物質的に助けることもためらわなかった。

五.私たちは、次世代に、ワナメーカーの六十周年ビジネス記念式で彼に注が

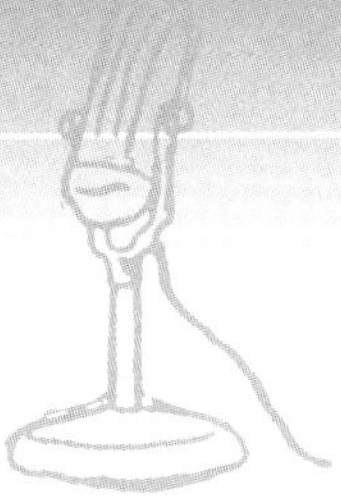

れた賛辞を伝えたい。大統領から無名の市民に至るまで、全国から送られた彼に対する賛辞は、まことのクリスチャンの人生、勤勉で誠実な証し人としての人生の美しさと栄光をよく現している。

六．貧しくて大変だった彼の家庭環境は、同じようにどん底の生活環境から人生を始めなければならない不幸な青少年たちに、夢と希望を与えている。もしワナメーカーが今日、この時間に私たちの横にいたら、彼はきっとこう言うだろう。「皆さん。上って行ってください。もっと高く上ってください。主がおられるはしごのてっぺんまで、上ってください」

七．フィラデルフィア長老教団が誇りに思い、大切なワナメーカーを失った遺族とベタニヤ教会とフィラデルフィアとアメリカの全地域に、心から哀悼の意を表する。

ヒマラヤの山は高い山で、ミシシッピーが大きな川だという事実は、すべての人が知っていることです。ワナメーカー長老は、間違いなく偉大な巨人でした。

それは明らかな事実です。彼が働いたすべての領域で、人が成し遂げることのできなかったことを成し遂げたという事実が彼の偉大さを証明しています。私たちは彼の人生を見るたびに、彼がどのような働きをする時にも、人とは比較することができないほどすばらしかったことを知っています。ビジネスの領域で彼の成し遂げたことは、ただ個人の成功だけではありません。前例のない大きな歴史の進歩を成し遂げたのです。

ビジネスとは全く異なる宗教的な領域でも、彼の人生は人とは違うすばらしい姿を見せてくれました。今晩、私は、長老教団と関係したワナメーカー長老についてお話ししたいと思います。この領域でも私が強調したいことは、彼の非凡さと、比類のないすばらしさです。長老教団内での彼の業績と成し遂げたことは、ほかのどこにも見ることはできません。

ビジネス界で最も驚くべき企業を建設したように、長老教団でも彼は、最もすばらしい教会を建てました。世界で一番大きなベタニヤ日曜学校の奇跡を成し遂げたのです。そして彼は、一年、五年、十年ではなく、何と六十年を超え

る歳月を、日曜学校の教師として、そして長老として、この働きを変わることなく続けたのです。

私は一人の人生の大きさに驚きを隠すことができません。彼の業績の大きさではなく、質を強調したいと思います。このような人生は神様の宝とも言えます。教会の規模は驚くほど印象的です。しかし教会の規模がすべてではありません。教会の規模よりもさらに印象的なのは、この教会の中に熱く燃えている光です。この光を通し、兄弟愛の光を輝かせ、この光を通して幼い子どもたちの魂が光り輝き、この光の深いところで神様と人に対する愛が光り輝くのです。彼の教会への愛と、聖書への愛と、子どもたちへの愛の美しい光が続けて輝くよう、私たちは皆、奮い立たなければなりません。

一九二三年一月十四日　主日　晩

25 聖書がつくった偉大な市民

フィラデルフィアの偉大な英雄

イギリスから独立を宣言したアメリカは、一七七六年、首都をフィラデルフィアに決めた。初代大統領のジョージ・ワシントンは、八年の任期をここで終え、一七九〇年に新しい首都を建てようという国民たちの世論を受け入れ、現在の首都、ワシントンD・Cに移った。フィラデルフィアはアメリカ初期の独立革命と産業革命、そして連邦政府の中心地として初期から発達した地域であり、二百年の短い歴史の国で、この場所は多くの遺跡と英雄が活動した説話があふれる古い街だった。

この街にある、一七七六年七月四日、独立宣言を読み上げた「独立記念館」、独立宣言一年、一年がすべて進歩の階段である。
—— ジョン・ワナメーカー

の時に高く鳴り響いた「自由の鐘」、建国の後に最初の連邦議会が開かれた「国会議事堂」などは、今日も有名な観光名所として数えられている。フィラデルフィア市庁は、ダウンタウンに高くそびえるルネッサンス風の美しく勇壮な建物として、高さが何と百七十メートルあり、建物の一番上からはフィラデルフィア市の創立者であるウィリアム・ペンの銅像が市内を見下ろしている。

この有名な歴史の街の市庁の入口に、ジョン・ワナメーカーの銅像が立っている。アメリカ人は歴史を輝かせた各分野の偉大な人物を人生のロールモデルとするため、市庁や広場、公園や空港などに銅像を建ててきた。子どもたちの教育の機会とするほど、人生の指標になるに値するごく少数の人物が銅像として建てられ、多くの人から称賛と尊敬を受けている。アメリカの大統領の中でも、銅像として建てられている人物は何人かに

フィラデルフィア市▶
庁に建てられている
ワナメーカーの銅像

すぎない。しかしアメリカの最初の首都であったフィラデルフィア市庁の真ん中に、その都市の設立者と共にワナメーカーの銅像が立てられているという事実は、本当にすばらしいことだ。これは「最も偉大な市民」のモデルであるということにほかならない。

生前（一九一五年）、ワナメーカーのもとに、フィラデルフィアから、彼の銅像を募金を集めて建てたいという一通の短い手紙が届いた。彼はうれしく思う反面、ひどくためらった。悩んだ末、彼は次のような手紙を送った。

「このような提案をしてくださり、身にあまる思いです。しかし私の銅像を建てることを相談する前に、私には考える時間がもう少し必要です。まだ私にはしたいことがたくさんあり、人の明日は誰も分かりませんから」

ワナメーカーの銅像

一九二二年、百貨店の創始者、ジョン・ワナメーカーが世を去った時、フィラデルフィア市長のJ・ハムトン・ムーアは「この世で最も優れたビジネスマンであり、最も偉大な市民」として尊敬を受けていた彼の栄誉をたたえ、フィラデルフィアのすべての市民の模範とするために、すぐに銅像の建設を市議会に提案した。会議の結果、建築家のジョン・T・ウィンドリムが銅像建設のさまざまな業務を担当する責任者として任命された。銅像の除幕のための経費として二万千五百ドルという少なくない予算が取られ、すべての予算は市民たちの自発的な参加によって集められることになった。

ワナメーカーの銅像が市庁の前に建設されるというニュースが報道されると、多くの人たちが、われもわれもと募金をし始めた。何人かは巨額のお金を寄付したが、大多数の人たちは生活の中からできるだけを、少ない金額でも真心をこめて募金した。

いつも子どもたちを愛し、子どもたちのお父さんと呼ばれていたワナメーカーの銅像が建てられるという知らせが学校の子どもたちに知らされると、子どもたちと青少年たちも募金に参加した。彼らは紅葉のような小さな手に五セント、十セントを握り、小遣いのお金を募金した。

このようにしてたくさんの人によって集められた金額は三万五千ドル以上になり、銅像除幕に必要な費用を払っても、一万四千七十九ドル七十五セントも余った。余った一万ドルは「ワナメーカー追慕館」を作るために長老教団病院に寄付され、三千ドルはワナメーカーの誕生日である七月十一日に銅像に花輪を置く日や、銅像を管理することに使用されることになった。そして千七十九ドル七十五セントは、ワナメーカー記念小冊子を発行するために充てられることになった。このようにして銅像建築のために参加した人々の最終集計は、何と四十万人を超えた。

銅像は、J・マセイ・ラインドが創作し、銅像の台は正三角形の形に銅像全体を安定させるようにして支え、大理石で作られた銅像の全体の高さは六メートル、銅像の高さは二メートル七十五センチ、重さは十三トンになった。しっかりと閉ざされた青銅の箱が銅像の台石の前に置かれ、銅像の中には銅像建設運動に署名したウォレン・G・ハーディング大統領とカルビン・クーリッジ大統領の手紙、ムーア市長の写真、J・W・キーレイの詩一編、フィラデルフィアの新聞、除幕式の招待状、フィラデルフィア都市委員会のメモなどが入れられた。

一九二三年十一月二十九日木曜日、のどかな午後、J・ハムトン・ムーア市長と市の著名人たち、そしてフィラデルフィア市民たちが共に銅像の除幕式のために市庁の東側にたくさん集まった。フィラデルフィア・オーケストラの軽快な演奏が銅像除幕式の雰囲気を思い切り盛り上げてくれた。ワナメーカー百貨店のたくさんの社員もユニフォームを着て集まり、家族と同じ温かい後見と愛とを注いでくれたワナメーカーに、尊敬と感謝を表した。

ムーア市長が除幕式で司会をする間、ペンシルベニアの前州知事のエドウィン・S・

スチュアートが大統領のハーディングから受け取った手紙を代読した。

「ワナメーカー会長は、数多くの分野ですばらしい活動をしてくださった、私たちの時代の偉大なアメリカ人の中の一人でした。彼の経験とアイデアは、未来の世代の良いモデルとして大きな影響を与え、まことの大衆に仕える者として永遠に記憶に残ることでしょう」

大統領に当選したカルビン・クーリッジ大統領の手紙も、ジョージ・ワットン・ペーパー上院議員の演説の前に読み上げられた。

「偉大な人の人生は、人生全体を見なければなりません。偉大な人の人生の記録は、その人自身を物語っています。彼が貧しい生活環境の中で勉強するために努力していたこと、彼が周囲の人たちの助けなしに、数え切れないほど多くの障害物を克服したこと、そのような悪状況の中でも高い地位に上り詰めたこと、そして最初の成功が彼の人生を台なしにしなかったこと、このような事実の単純な記録が、演説者のどんな勧めや訓戒よりもさらに確実に人々の心を動かすことができると私は確信しています」

最後に銅像の覆いを取り除く時には、いつも子どもたちを愛していたワナメーカーの精神に従って、フィラデルフィア市の子どもたちを代表する十四歳のボーイスカウトの会員が前に出てきて、覆いを取り除いた。覆いが取り除かれると、すべての子どもたちの父親であり、すべての人のすばらしい友であるワナメーカーが、愛に満ちた優しい姿で生き返り、人々を見守っているようだった。多くの人たちがワナメーカーに対する尊敬と愛のしるしとして、フィラデルフィアの人の誇らしいモデルとして「最高の偉大な市民」の銅像が市庁の前に立つことに胸がいっぱいになり、熱い喜びの声を上げた。

神様が高く上げてくださった人

神様はいつも密やかにご覧になり、人々を高められることも低められることもされる。

神様はワナメーカーを高めてくださった。貧しい家庭から教育もきちんと受けられなかった彼を、神様はとても高いところに置いてくださった。世界最高の百貨店王、郵政長官、世界最高の日曜学校の設立者、世界日曜学校連合会の総裁、最も尊敬される偉大な市民として、彼をクリスチャンとしてだけでなく、クリスチャンでない人にとっても、万民の模範となるよう高めてくださった。

ワナメーカーは教会、日曜学校、ＹＭＣＡ、慈善事業など、神様の働きを喜んで行い、多くの人たちを助けながら、自分の事業を大きく成長させることができることを、生涯を通して証明した。彼は私たちと同じように与えられた二十四時間を、三十時間、四十時間のように生きた。今、多くの人たちがワナメーカーの人生から大切なことを学び、聖書の基礎の上に自分自身を立て、家庭を築き、教会や職場、社会に忠実に仕え、偉大な信仰の人、偉大な市民として、各地で建て上げられることを夢見ている。

「思慮深い人々は大空の輝きのように輝き、多くの者を義とした者は、世々限りなく、

星のようになる。」（ダニエル書一二・三）

ジョン・ワナメーカー 年譜

一八三八年　七月十一日、フィラデルフィア、ビョンドリー地域の貧しい二階建てのレンガエの家庭で、父ネルソン・ワナメーカー、母エリザベス・ワナメーカーの間に生まれる。

一八四七年　小学校入学。ランドレス教会に出席。

一八五〇年　インディアナ州に転居。

一八五一年　フィラデルフィアに一年後に戻り、第一独立教会に出席。

一八五二年　バークレー・リピンコートの書店で店員として働く。
ジョン・チェンバース牧師の影響で回心する。

一八五五年　ベネット衣料店で店員として働く。

一八五六年 第一独立教会の日曜学校教師として奉仕。
一八五七年 ＹＭＣＡ会員に加入。
一八五八年 ＹＭＣＡの総務として働く。二月七日、ベタニヤ日曜学校を創立。「サンデー・スクール・タイム」紙を発行。
一八五九年 ベタニヤ教会の建物を建設。
一八六〇年 九月二十七日、メアリー・ブラウンと結婚。
一八六一年 息子のトマスが生まれる。
四月八日、オークホール洋服店を創業。
一八六三年 息子のルイス・ロッドマンが生まれる。
一八六四年 息子のホーレイスが生まれる。
一八六五年 娘のヘティーが生まれる。
一八六九年 ワナメーカー衣類店を開店。ＹＭＣＡの会長に選出される。
フィラデルフィア黒人聖職者諮問委員になる。（黒人ＹＭＣＡ支部の建物を支援）

一八七一年　娘メアリーが生まれる。

一八七二年　グレイス教会を建築する。

一八七四年　五千席規模のベタニヤ教会を建築。タイムス印刷所を始める。

一八七五年　ムーディーとセンキーがワナメーカーのグランドデポで世界最大の伝道集会を開催。(百万人以上参加)

一八七六年　五月六日、超大型百貨店、グランドデポ開店。
アメリカ独立百周年博覧会がフィラデルフィアで開催される。
娘エリザベスが生まれる。百貨店にレストランを初めて始める。

一八七七年　アメリカにパリとベルリンのファッションを最初に紹介する。農業ジャーナルを発刊する。

一八七八年　アメリカで最初に電気を店に設置する。
子どもたちのための日を準備し、ビジネスに導入して各種イベントを始める。

一八七九年　新聞に全面広告を初めて載せる企業主になる。
電話を店に最初に設置する。

一八八一年　社員たちのための保険制度を始める。
一八八二年　百貨店にエレベーターを設置する。
一八八七年　女性社員のために寝食を提供するワールトンホテルを設立する。
一八八八年　ポスト・ペニー・セイビングス銀行を設立する。
一八八九年　郵政長官に任命される。ワナメーカー小学校を設立する。
一八九〇年　ベタニヤ兄弟愛の集いを設立する。
一八九四年　ベタニヤ教会が世界で一番大きな長老教会となる。毎週平均して一万二千人の信徒が出席。
一八九五年　インド、マドラスにＹＭＣＡ会館を建設。
一八九六年　ニューヨーク、ワナメーカー百貨店を開店。
社員のためにワナメーカー・コマーシャル・インスティテュートを設立。
一八九七年　社員のためにマクドーウェル図書館を建設。
一九〇一年　インド、カルカッタにＹＭＣＡ会館を建設。パウロ長老教会を建設。
一九〇二年　世界的な規模のベタニヤ教会と、最初の姉妹教会であるチェンバース・メモリアル教会を建設。

一九〇四年　世界日曜学校連合会の副総裁に選出される。

一九〇六年　二番目の姉妹教会であるベタニヤ・テンプル教会を設立。

一九〇八年　大韓民国のソウルに、ＹＭＣＡ会館を建設。産業大学を始める。

一九〇九年　東京にＹＭＣＡ会館を建設。

一九一一年　テフト大統領がフィラデルフィアの新しい「ワナメーカー百貨店」の開業式に参席し、祝辞を述べる。世界で一番大きなオルガンを設置。三番目の姉妹教会であるベタニヤ連合教会を設立。

一九一三年　中国の北京にＹＭＣＡ会館を建設。ワナメーカーによってフィラデルフィア地域に最初に小包が配達される。

一九一五年　社員のために、百貨店の屋上にスポーツセンターを運営。フィラデルフィア大学、ワシントン・ハワード大学など、いろいろな大学から名誉博士の学位（Ｌ・Ｌ・Ｄ）を授与される。

一九一六年　アメリカＰＧＡ（プロゴルフ協会）を創立。

一九一九年　社員のために総合福祉センターを設立。

一九二〇年　世界日曜学校総裁に選出される。
妻のメアリーが神様に呼ばれ天国へ行く。

一九二二年　モスクワにＹＭＣＡ会館を建設。
八十五歳の時、自宅で神様に呼ばれ天国へ行く。ベタニヤ長老教会で葬送式を終え、セイント・ザ・レス教会公園墓地に埋葬される。

一九二三年　偉大な市民の銅像が建てられる。

◆ 参考図書

Abelson, Elaine S., When Ladies Go A-Thieving: Middle Class Shoplifters in the Victorian Department Store (New York: Oxford University Press, 1989)

Americas　Great Department Stores (New York: Stein and Day, 1979)

Appel, Joseph H., The BUSINESS BIOGRAPHY of JOHN WANAMAKER: Founder and Builder (Macmillan Company, New York, 1930)

Appel, Joseph H., JOHN WANAMAKER: A Study (published by Rodman Wanamaker, U.S.A., 1927)

Barse and Hopkin, John Wanamaker Leads in Prayer (New York:, N.Y. and Newwark, N.J.)

Barth, Gunther, The Department Store, in City People (New York: Oxford University Press, 1980)

Benson, Susan Porter, Counter Culture: Saleswomen, Managers and Customers in American Department Stores (Irbana, IL: University of Illinois Press, 1988)

Bethany Collegiate Presbyterian Church Yearbook (1913)

Dixon, Joseph K., The Banishing Race (New York: Bonanza, 1913)

Ershkowicz, Herbert, John Wanamaker (Philadelphia Merchant. New York: DaCapo Press, 1999)

Gibbons, Herbert Adams, JOHN WANAMAKER (2 volumes, Harper & Brothers Publishers, New York, 1926)

Heart of John Wanamaker (Bethany-Press)

James C. Hefley, How great Christians met Christ (1980)

John Wanamaker, Dictionary of American Biography (New York: Scribners)

John Wanamaker, Living Leaders of the World (Chicago: Hubbard, 1889)

Olive W. Burt, JOHN WANAMAKER? BOY MERCHANT (The Bobbs-Merrill Company, Inc. 1980)

Orison s. marden, Discovering yourself (JMW Group, INC. 2002)

William Leach, LAND OF DESIRE (Pantheon Books, N.Y. 1993)

Zulker, William Allen, JOHN WANAMAKER? King of Merchants (Eaglecrest Press, Wayne, PA, 1993)

世界初、史上最大の百貨店王
ジョン・ワナメーカー

2012年 10月15日 初版発行

著 者 ジョン・クゥアン

訳 者 林 久仁子

発 行 小牧者出版
〒300-3253 茨城県つくば市大曽根3793-2
TEL: 029-864-8031
FAX: 029-864-8032
E-mail: info@saiwainahito.com
http://saiwainahito.com

印 刷 (株) デジタル印刷

乱丁、落丁はお取り替えいたします。
 ISBN978-4-904308-06-6